U0895048

上海自由贸易港发展战略研究

聂　峰◎著

中国财经出版传媒集团
经济科学出版社
Economic Science Press

图书在版编目（CIP）数据

上海自由贸易港发展战略研究/聂峰著．—北京：经济科学出版社，2021.4

ISBN 978－7－5218－2403－2

Ⅰ．①上…　Ⅱ．①聂…　Ⅲ．①自由贸易区－经济发展战略－研究－上海　Ⅳ．①F752.851

中国版本图书馆 CIP 数据核字（2021）第 034623 号

责任编辑：刘　丽
责任校对：李　建
责任印制：范　艳

上海自由贸易港发展战略研究
聂　峰　著
经济科学出版社出版、发行　新华书店经销
社址：北京市海淀区阜成路甲 28 号　邮编：100142
总编部电话：010－88191217　发行部电话：010－88191522
网址：www.esp.com.cn
电子邮箱：esp@esp.com.cn
天猫网店：经济科学出版社旗舰店
网址：http：//jjkxcbs.tmall.com
固安华明印业有限公司印装
710×1000　16 开　14.75 印张　200000 字
2021 年 4 月第 1 版　2021 年 4 月第 1 次印刷
ISBN 978－7－5218－2403－2　定价：68.00 元

前言

当今世界虽然正处于大发展、大变革、大调整的新时期，但是全球贸易保护主义和单边主义也在抬头，经济全球化、多边主义和自由贸易体系正在受到影响，不稳定、不确定因素依然较多，风险与挑战也日益加剧。而中国经济也正处于转变发展方式、优化经济结构、转变增长动力的关键时期。这就要求我们应认清大局、把握规律，进一步增强开放合作的信心，共同应对复杂形势下的各种风险和挑战。

面对国内外新的发展形势，必须统筹国内国际两个大局，始终不渝走和平发展道路、奉行互利共赢的开放战略，加快推进丝绸之路经济带和21世纪海上丝绸之路建设，建立自由贸易港，形成21世纪中国走向世界的对外开放新格局。

习近平同志在十九大报告中提出，要赋予自由贸易试验区更大改革自主权，探索建设自由贸易港。这不仅体现了党中央对新开放阶段基本特征的深刻认识，同时也体现了适应国内外形势需求、保持对外经济开放、积极参与并引领规则的决心和勇气。

当前，以上海为代表的全国21个自由贸易试验区建设已经取得了较为丰富的阶段性成果。这将有助于进一步为深化改革与扩大开放积累新经验、探索新思路，具有深刻的理论意义和广泛的实践价值。今后，中国将支持自由贸易试验区深化改革创新，继续深化差异化探索，加大压力测试，充分发挥好自贸区在改革开放“试验田”中的作用，加快探索和建设中国特色自由贸易港进程，新增上海自由贸易港，鼓励和支持上海在推进投资贸易自由化、便利化方面大胆创新探索，推动浦东新区高水平改革开放，打造社会主义现代化建设引领区，为全国积累更多可复制、可推广的经验。

作为上海市哲学社会科学规划系列课题（2018XAB015）的研究成果，本书是国内第一部专门研究探索上海自由贸易港建设的著作，其主要包括以下核心内容。

一、新时期我国对外开放面临的新形势

（一）我国对外开放面临的新形势

党的十八大以来，以习近平同志为核心的党中央统筹兼顾全局，推进对外开放理论创新和实践创新，取得新的重大成就。然而，当今世界政治经济格局正在发生深刻调整，中国经济也正处于结构调整、功能转换的转折点时期。

（二）对外开放与自由贸易区建设

开放带来进步，封闭必然落后。中国的开放之门不会关闭，只会越开越大。准确把握经济全球化新趋势和中国对外开放新要求，提高对外开放水平，以开放促改革，是中国取得发展新成就的重要法宝。

新时期对外开放赋予自由贸易试验区光荣而神圣的历史使命。上海自由贸易港在中国特色社会主义和改革开放的新时代，注定要为实现中华民族的伟大复兴承担特殊的历史重任。

二、我国自贸试验区与自由贸易港发展研究

（一）自贸试验区发展概况

党的十八届三中全会提出“加快自贸区建设”“形成面向世界

的高标准自贸区网络”，凸显了中央推进自贸区建设的坚定决心。

（二）扩大自由贸易试验区的战略意义

自由贸易试验区，是设立在上海、天津、广东、福建、辽宁、浙江、河南、四川、陕西、海南等地的区域性自由贸易园区，是顺应全球经贸发展新趋势，先行先试、深化改革、扩大开放的重大举措，其意义非凡，影响深远。

（三）自由贸易港建设的作用

自由贸易港是党的十九大提出的对外开放新模式。探索自由贸易港建设，是新常态下推进我国新一轮对外开放、促进经济增长的重要途径。

三、自由贸易港的发展演变

从16世纪到17世纪，第一代自由贸易港在地中海沿岸兴起。18世纪以来，第二代自由贸易港以殖民扩张为主要特征。第三代自由贸易港是美国自由港和罗斯福新政背景下的产物。第四代自由贸易港是自由贸易与先进制造业相结合的产物。第五代自由贸易港是在全球价值链的基础上，以信息技术为媒介，以港口为核心，以港口城市为主体发展起来的综合运筹国际贸易和物流信息的资源配置中心，作为多功能集成平台和产业集聚基地，第五代自由贸易港提供增值性服务比重进一步提高，港城也在逐渐融合。

四、全球自由贸易港建设比较研究

（一）迪拜、新加坡、鹿特丹、伦敦、香港的建设经验

要建设自由贸易港，必须有系统的展望，总结借鉴迪拜、新加坡、鹿特丹、伦敦、香港的建设经验，主要涉及港口一体化、监管体制、组织结构、税收政策、资金流动、港口基础设施、特色产业、腹地经济这八个要素。

（二）国际知名自由贸易港发展重点异同分析

虽然世界上没有统一的建设模式和标准，但在高效便利的海关监管、外商投资国民待遇、金融开放等方面，与航运中心建设结合紧密、高度重视立法工作等方面的做法是近似的。

五、上海自由贸易港建设研究

（一）上海建设自由贸易港的必要性分析

自由贸易港是自由贸易区对外开放的升级版。在上海自贸区基础上建立自由贸易港，将推动新一轮高水平对外开放，进一步扩大服务业开放范围，提升开放水平，推动形成全面开放新格局。一方面，上海自由贸易区向自由贸易港的转型可以融入“一带一路”倡议。由于自由贸易港是在自由贸易区的基础上建设的，可以与相对应的国家战略完全对接。另一方面，在上海建设自由贸易港可以进一步强化上海服务国家的作用。因此，上海建设自贸港可以进一步推动形成全面开放新格局。

（二）上海建设自由贸易港的优势与劣势分析

准确分析上海建设自由贸易港的优势与劣势，可以为下一阶段建设上海自由贸易港提供突破口。

六、上海自由贸易港发展战略

（一）上海建设自由贸易港的战略步骤

（1）扩大上海自贸试验区改革自主权。

（2）推动上海自由贸易区与港区整合。

（3）推动自贸区3.0制度升级。

（二）上海自由贸易港建设的主要抓手

（1）探索差异化试点制度创新，打造具有国际竞争力的营商环境，形成自由贸易试验区与城市发展的联动机制。

（2）以上海深水港集团为主体，以浙江、江苏江海港口为两翼，推进上海国际航运中心建设，必须与周边港口协调配合。

（3）上海自由贸易港建设的关键是实现体制创新和机制创新，建立与国际科技中心、国际贸易中心、国际金融中心和国际航运中心功能相适应的市场体系。

七、我国自由贸易港的竞争合作研究

（一）实现自由贸易港合作发展的四个转变

一是由传统的经济机制向以制度变迁为支点的机制转变；二是由现有的改革机构向利益相关的强势机构转变，确保改革的顺利进行；三是应结合自身的发展状况从被动接受国际规则向主动创新转变，注重原有制度建设，为区域发展赢得主动权；四是从单纯的业务创新向制度创新转变，充分发挥制度在业务创新中的先导作用。

（二）建立中国自由贸易港竞争合作发展模式

合作竞争博弈是一种新的战略思维方式，完全竞争与全面合作战略最终将被合作竞争战略所取代。因此，中国自由贸易港必须坚持合作发展战略，才能继续在经济发展中发挥重要作用。

八、推进我国自贸区战略，形成高水平的对外开放格局

目前，世界经济格局正在发生深刻变化。我国在制度设置和管理模式方面正在加快与国际接轨的进程，通过自贸区建设的国际比较来推动管理体制改革和业务创新，抵消贸易摩擦的不利影响，避免被“边缘化”的危险。

因此，推进我国自贸区发展战略，探索自由贸易港创新如何对接“一带一路”倡议，推动自由贸易港制度创新成果尽快向全国复制推广，通过竞争压力、产业关联及功能互补，推动上海经济的改革和创新，形成高水平对外开放新格局，具有十分重要的现实意义。

目录

第一章　绪　　论

第一节　选题依据、研究现状及意义

一、选题依据

（一）建设上海自由贸易港是新时期全面深化改革的形势需要

在自由贸易试验区的基础上建设自由贸易港区，是党中央深化改革、扩大开放的重要举措，有助于进一步聚焦政府管理模式创新，有助于进一步激发市场主体的积极性、主动性和创造性；有助于形成更加国际化、市场化、法治化的营商环境，是推进改革纵深探索的客观选择。

（二）建设上海自由贸易港是改革的顶层设计与制度创新的客观需要

2013 年 9 月 29 日，中国（上海）自由贸易试验区成立以来，初步实现了投资管理制度、贸易监管制度、金融制度和事中事后监管制度创新，发挥了制度创新高地和发源地的重要作用。目前，自由贸易试验区制度创新有待深化，在一些重点领域和关键环节上还需要进一步深化改革，特别是自贸试验区改革自主权还面临多项掣肘。

（三）建设上海自由贸易港是适应国内外形势变化的现实需要

当前，经济全球化面临诸多挑战，多边贸易体制发展受阻，现行全球经济治理体系面临重构风险。在当前国内外形势的变化背景下，习近平总书记提出探索建设自由贸易港，这既体现了党中央对开放新阶段基本特征的深刻洞悉，也体现了顺应国内外形势需要、维护开放型世界经济、主动参与并引领规则的决心和勇气。

（四）建设上海自由贸易港将为全国进一步对外开放作出新贡献

作为改革开放排头兵、创新发展先行者，上海自由贸易试验区已积累一定的先进经验，成为我国进一步对外开放的新高地。基于这些先进经验和制度成果，上海可以通过建设自由贸易港，总结更多高水平、可复制的贸易和投资自由化便利化政策经验，为全面对外开放作出新贡献。

二、研究现状

自由贸易港（Free Trade Port，FTP）和自由贸易试验区（Free Trade Zone，FTZ）是有区别又有联系的不同概念。长期以来国内外学者主要针对自贸区和自由贸易港进行了大量研究，其理论体系相当完善与成熟。

而有关自贸区范围内的自由贸易港建设研究在党的十九大之后才日益增多。由于时间短暂，系统的、成熟的、完整的理论体系尚未形成。近年来，国务院先后批复成立上海、广东、天津、福建、海南、江苏等21个自由贸易试验区。除上海以外，其他自由贸易试验区多数仍处于起步阶段，因此我国自由贸易港建设的相关研究也刚刚起步。

三、研究意义

自由贸易港是对外开放的一种新模式。当前，以上海自贸试验区为代表的全国21个自由贸易试验区建设已经取得阶段性成果。

（1）在评估上海自贸试验区建设进程和已有成绩的基础上，分析目前的约束条件和潜在机遇，将在较大空间范围内更好地检验相关改革成效以及复制推广的可行性，有助于为全面深化改革、扩大开放进一步探索新途径、积累新经验。

（2）探索上海自由贸易港建设，充分借鉴其他自由贸易港的经验与模式，有利于缩小同世界主要自由贸易港之间的差距，为党中央、国务院制定自由贸易港发展方面的政策建言献策，有利于实行高水平的贸易和投资自由化便利化政策，全方位发展与贸易相关服务，努力拓展离岸业务空间；有利于实施宽松灵活的人员进出政策，遵循更加开放的思维方式，构建具有中国特色、符合中国国情的新时代外交战略。

（3）探索建设上海自由贸易港是全面深化改革和扩大开放的试验田，是推动长江经济带发展、服务“一带一路”建设、引领自由贸易区建设等国家重大战略的新切入点，有利于对标国际先进规则，强化改革举措系统集成，鼓励地方“大胆试、大胆闯、自主改”，形成更多制度创新成果，进一步彰显全面深化改革和扩大开放的示范作用。

（4）探索建设上海自由贸易港有利于在经济全球化困境、主要经济体贸易摩擦等背景下探寻中国特色改革开放事业的创新方向，积极谋划改革开放和自贸区建设的新理念、新思维、新路径和新对策。

第二节　研究思路与研究方法

一、基本思路

在当今复杂多变的国际形势下，党中央提出要准确把握经济全球化新趋势和我国对外开放新要求，不断扩大对外开放、提高对外开放水平，以开放促改革、促发展，是我国发展不断取得新成就的重要法宝。自由贸易港是党的十九大提出的对外开放新模式。目前，我国自由贸易港建设还处于探索阶段，同世界上著名的自由贸易港之间还有一定差距，尤其体现在货物贸易便利程度、人员流通和金融发展等方面，自由贸易港建设之路任重道远。

本书主要研究思路与框架如图 1－1 所示。

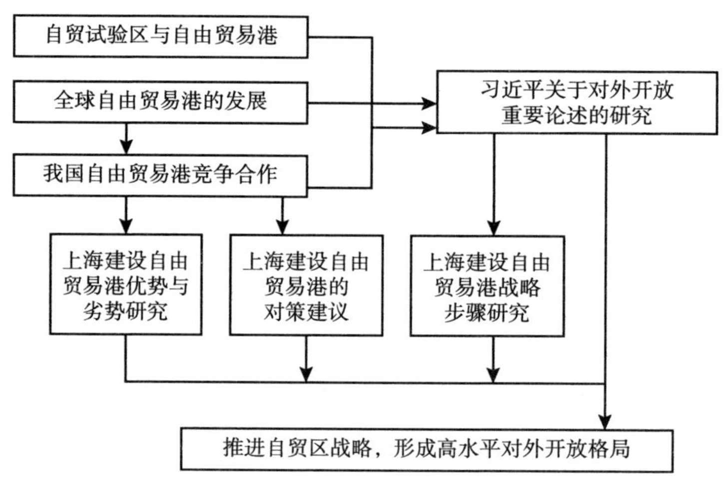

图 1－1　主要研究思路与框架

首先，梳理了全球自由贸易港的发展历程，从自由贸易港与自由贸易区之间制度设计上的相似性、相关性与功能定位的显著差异性入手，分析上海自贸试验区向自由贸易港转变的必要性。

其次，对上海建设自由贸易港的优势与劣势进行比较，将国际经验与本国实情进行有效结合，提出上海建设自由贸易港的战略步骤和主要抓手，明确了在自贸试验区的基础上逐步探索、稳步推进中国特色自由贸易港建设，分步骤、分阶段建立自由贸易港政策和制度体系。

最后，将上海建设自由贸易港与长江经济带发展、“一带一路”建设、自由贸易区建设等国家重大战略相衔接，加快市场化改革，营造法治化营商环境，加快经济结构调整，推动产业优化升级，支持企业做大做强，提高国际竞争力和抗风险能力，加快推动形成全面开放新格局，努力开创新时代对外开放新局面。

二、研究方法

本书为对策性和应用性研究，目的在于提供一套切实可行的探索建设上海自由贸易港的对策组合。基于此，本书将以实证研究方法为主，结合规范研究方法，通过大量的数据分析和广泛的典型案例调查来准确地把握上海自由贸易港建设问题，从宏观、中观和微观三个层面开展研究。研究内容及对应的研究方法见表1－1。

表1－1　研究内容及对应的研究方法

研究内容	研究方法					
	文献研究	问卷调查	回归分析	关键词分析	归纳分析	案例研究
自贸试验区与自由贸易港发展研究	√		√	√	√	
自由贸易港建设国际比较研究	√			√	√	√
制度创新先发与后发优势研究	√	√		√	√	√
上海建设自由贸易港的对策建议	√	√	√			√
推进自贸区战略，形成高水平开放格局	√			√	√	√

（1）综合性研究法，既借鉴了新古典方法的一些合理内容，同时又将制度安排与创新作为研究背景而贯穿始终。

（2）比较分析法与博弈模型。

①将自贸试验区和自由贸易港的竞争视为一种完全信息的重复博弈，

分析自贸试验区和自由贸易港发展的决定机制、风险与挑战。

②采用多群体非对称进化博弈模型，剖析自由贸易港发展构架、载体、路径。

③采用图书资料文献检索、实地考察与访谈等方法，详细了解自由贸易港建设的需求，在此基础上，多方面尝试性提出可操作性较强的解决方案。

第三节 研究目标

（1）集中全面地研究功能市场发展与制度变迁的相互作用与机制，充分检验上海自贸试验区建设相关改革的实施效果及上海建设自由贸易港的可行性，化解前三轮自贸试验区建设中积累起来的体制、结构、功能配套矛盾。

（2）分析上海自贸试验区建设和上海建设自由贸易港改革制度创新与开放措施的异同，把握自由贸易港业务功能化、活动国际化、交易网络化和产品多样化的发展趋势，在政府管理体系创新、发展环境转变、协调创新与监管模式、推动区域经济转型发展等方面提出一系列的对策建议。

（3）通过自由贸易港国际比较研究，形成更多制度创新成果，为全面深化改革、扩大开放进一步探索新途径、积累新经验。

第四节 创新之处

一、学术思想的创新

（1）明确、系统地研究上海自贸试验区发展和上海自由贸易港建设对制度创新有效需求的作用与影响，是对传统经济发展理论，特别是制度经济学发展理论的一定理论深化和拓展；集中全面地研究功能市场发展与制度变迁的相互作用与机制，也是对传统经济发展理论的补充与完善。

（2）以经济中心内生性作为理论基础，从内生性角度研究创新与经济增长的关系，研究上海自贸试验区发展和上海自由贸易港建设对区域经济发展的影响，是对现有经济发展理论的有益突破与创新。

二、学术观点的创新

（1）在功能定位上，如何实现错位竞争和发展方向，凸显各有特色、均衡发展、有序竞争，以服务经济发展乃至亚太经济发展为出发点，继续巩固和完善经济制高点的功能地位。

（2）在发展战略上，依托各自主要功能实施各项试点，推进综合创新的发展，坚持中国自贸试验区的整体发展战略和各个自贸区具体区域发展策略相结合、相统一。

（3）在体制机制上，进一步推进政府管理模式、管理体制的转变，由政策创新向体制创新转变。

（4）在合作载体上，借助现有扩容后的自贸区平台，在便利化方面进行有效联动与配合，形成改革合力，在功能耦合的基础上发挥各区域之间相互支持、相互促进的作用。

第二章　新时期我国对外开放面临的新形势

第一节　我国对外开放面临的新形势

对外开放是中国特色社会主义理论的重要组成部分，是中国实现社会主义现代化的基本国策。习近平总书记在十九大报告中指出："我们将实施更高层次的对外开放，推动形成全面开放新格局。"① 这不仅表明了我们党在新时期扩大开放的坚强决心，同时也为促进全面开放新格局指明了方向。

中国经济社会发展在开放条件下取得了辉煌成就。改革开放 40 多年来，中国经济稳步增长，从最初的停滞、落后的封闭、半封闭状态，迅速发展成为充满活力、全面开放的局面。现在，基于新时代新的历史定位，中国全面开放迎来新局面，呈现新特点，面临新情况，开启新征程。

① 习近平．决胜全面建成小康社会，夺取新时代中国特色社会主义伟大胜利［M］．北京：人民出版社，2017.

一、对外开放是我国的基本国策

（一）对外开放的含义

对外开放一方面是指国家积极扩大对外经济交流；另一方面是指放松政策，放开或取消限制，不再采取封锁国内市场和投资场所的政策，发展开放型经济。对外开放不仅是中国经济发展的关键，也是全面建设小康社会的法宝，是中国长期坚持的一项基本国策。

（二）对外开放的原因

1. 今天的世界是开放的

对外开放是世界经济发展的历史趋势，是生产社会化、商品经济社会化和市场经济发展的必然结果。早在18世纪中叶，第一次工业革命就打开了世界市场。到20世纪中后期，在以信息技术为基础的新技术革命的推动下，世界经济联系更加紧密，经济全球化趋势更加明显。为了应对新技术革命和经济全球化趋势，各国政府为了从国际分工和国际竞争中获利，纷纷大胆尝试、大胆冒险、相继实施开放政策，广泛开展经济交流与合作。现代生产力社会化、国际化程度提高，世界经济一体化趋势更加明显，国家与地区联系更加紧密，世界各国的开放程度和相互依存程度都有所提高。

邓小平在1984年就指出："现在的世界是开放的世界"[①]。互相开放，不仅是发展中国家的需要，也是世界发展的大趋势。从当代生产力发展水平来看，生产的社会化和国际化程度在近几十年空前提高，国际分工

① 邓小平．邓小平文选（第3卷）［M］．北京：人民出版社，1993.

有了长足发展，许多产品都是国际分工合作的产物；从科学技术的研究、运用和发展来看，国际合作成果与互惠步伐加快，动用世界范围的人力、财力和物力，通力合作，共同攻关，日益明显；从市场经济发展方向来看，开放化与一体化已经成为世界潮流，统一的国内市场已经发展成为世界市场。

2. 中国的发展离不开世界

在当代，任何国家要发展，都必须扩大对外开放，加强国际交流。不实行开放政策，只会制约自己的发展，甚至给国家和民族带来灾难。要发展，就必须开放。中国对外开放是科学观察和总结当代世界经济、科技发展和国际形势发展的结果。

早在 1984 年 10 月，邓小平就明确地指出：“关起门来搞建设是不能成功的，中国的发展离不开世界。”他进一步强调：“对内经济搞活，对外经济开放，不是短期的政策，而是长期的政策，即使是变，也只能变得更加开放。”① 对外开放，是实现我国社会主义现代化的一项长期的基本国策，是中国人民建设中国特色社会主义的历史性选择。

3. 对外开放是吸收人类文明成果，建设优于资本主义的社会主义的需要

社会主义要取得比资本主义优越的地位，必须以积极的态度学习和吸收人类文明的一切优秀成果，吸收和借鉴世界各国包括资本主义发达国家反映现代社会化生产规律的一切先进管理方法和方法。因为社会主义作为一种全新的社会制度，只有继承和利用资本主义社会已经形成的一切社会生产力和优秀文化成果，并结合实际情况，才能建设成功。

4. 对外开放是增强独立自立能力的需要

始终把独立自主作为立足点，是中国革命、建设和改革开放的基本经验和重要原则。但独立和自力更生并不是闭门造车和盲目排斥，坚持独立

① 邓小平. 邓小平文选（第3卷）[M]. 北京：人民出版社，1993.

自主、自力更生与对外开放是相辅相成的。独立自主是对外开放的基础。只有增强自主自立能力，才能在国际舞台上赢得较高声誉，吸引更多合作伙伴，不断强化对外开放的深度和广度。对外开放的目的是增强自主自立的能力。在对外开放过程中，积极利用外资、先进技术和管理经验，取得较好的经济效益和社会效益，加快发展国内经济，增强经济实力和综合国力。坚持独立自主、自力更生，积极对外开放，以期更好更快地推进社会主义现代化建设。

因此，对外开放是基本国策，也是实现中华民族伟大复兴的必然选择。

（三）对外开放的意义

（1）对外开放是我国的一项基本国策，有利于扩大对外交流。

（2）对外开放有利于积极引进外资、技术和先进管理经验，充分利用国外先进文明成果加快现代化建设。

（3）对外开放有利于积极参与国际经济合作与竞争，开创世界进入中国、中国走向世界的新局面。

（四）我国对外开放的主要特点

对外开放是党的十一届三中全会以后我国作出的一项重要战略决策，它坚持实事求是的思想路线，根据马克思主义发展国际经济关系的基本原则，总结了国际国内的历史经验。中国对外开放40多年，具有以下特点。

1. 逐步渐进

在总结经验的基础上，逐步向中西部内陆地区推进开放，重点在经济特区和沿海开放城市，由点到面、由浅入深，既保证了对外开放的不可逆转性，又避免了盲目开放对行业的巨大冲击。中国改革开放战略的时空发展如图2－1所示。

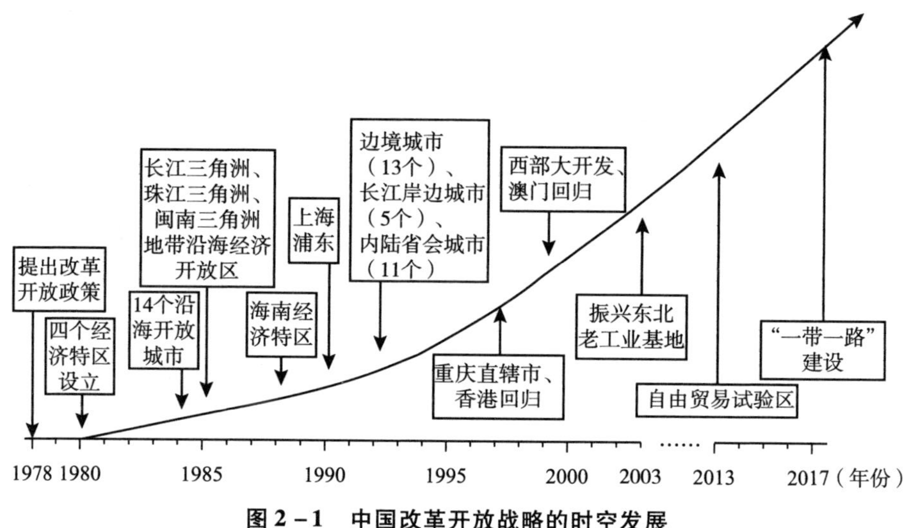

图 2－1　中国改革开放战略的时空发展

2. 独立的、平等的、互利的

中国对外开放强调独立自主、平等互利。在此前提下，充分利用国际国内市场资源，积极发展与世界各国的经贸往来。同时，在对外开放过程中，要坚决维护国家主权、尊严和安全。

3. 以经济开放为基础的全面开放

中国的对外开放，一开始是从经济领域开始的，后来是以经济开放为基础、以经济开放为重点的，积极发展与世界各国在科技、文化、教育等领域的交流与合作。

4. 面向世界所有国家和地区的

中国愿意在平等互利的基础上，同任何国家、任何性质、任何类型的人与机构，无论贫富，发展经贸关系。

（五）对外开放 40 多年的巨大成就

对外开放 40 多年来，中国共产党坚持社会主义初级阶段的基本路线不动摇，根据世情、国情、党情的新情况、新变化，对经济基础和上层建筑进行完善和调整，走出了一条中国特色社会主义现代化道路。

1. 推动了经济快速发展，一跃成为世界第二大经济体

我国国内生产总值由1978年的3 645亿元迅速跃升至2019年的990 865亿元。2019年全年国内生产总值比上年增长6.1%。其中，第一产业增加值70 467亿元，增长3.1%；第二产业增加值386 165亿元，增长5.7%；第三产业增加值534 233亿元，增长6.9%。第一产业增加值占国内生产总值比重为7.1%，第二产业增加值比重为39.0%，第三产业增加值比重为53.9%。全年最终消费支出对国内生产总值增长的贡献率为57.8%，资本形成总额的贡献率为31.2%，货物和服务净出口的贡献率为11.0%。人均国内生产总值70 892元，比上年增长5.7%。国民总收入988 458亿元，比上年增长6.2%。全国万元国内生产总值能耗比上年下降2.6%。全员劳动生产率为115 009元/人，比上年提高6.2%。[①]

2. 提高了人民的生活水平，即将实现全面小康社会

1978年全国有2.5亿绝对贫困人口。2018年，全国农村贫困人口1 660万人，比上年末减少1 386万人。从2012—2018年，全国农村贫困人口从9 899万人减少至1 660万人，7年累计减少8 239万人，接近德国一个国家人口的数量（2017年德国8 269万人），贫困发生率也从2012年的10.2%下降至1.7%，累计下降8.5个百分点[②]。

2020年11月23日，全国832个国家级贫困县实现全部脱贫摘帽，所有贫困人口也全部退出。中国脱贫攻坚已经取得决定性成就，现行标准下农村人口均实现了脱贫，全面建成小康社会，实现了第一个百年奋斗目标。

3. 加快科技创新，正在接近世界发达国家水平

科学技术是第一生产力得以充分体现。科学技术推动中国经济社会实现了跨越式的大发展。中国将科技创新摆在了至关重要的地位，实现了在

---

① 国家统计局．2019年国民经济和社会发展统计公报［R］. http：//www. stats. gov. cn/tjsj/zxfb/202002/t20200228_1728913. html.

② 2018年全国农村贫困人口减少1 386万人［EB/OL］. http：//www. gov. cn/shuju/2019－02/17/content_5366306. htm。

材料科学、计算机、通信、加工制造等方面的反超，远远领先于世界平均水平，同时以“互联网+”为代表的新技术、新能源、新业态、大数据、人工智能、5G等技术也正在逐步成长壮大，已经接近或达到世界领先水平。

4. 社会主义文化实现了大发展，人民幸福指数不断提高

社会主义先进文化实现了大繁荣、大发展，中国传统文化得到了大力弘扬和恢复，人民精神生活日益丰富，国家软实力大大增强，中华民族的伟大复兴指日可待。国家继续加大教育和医疗事业的投入，和谐社会建设取得了巨大成就，人民幸福指数不断提高。

5. 转变了政府职能，逐步实现向现代公民社会的转变

对外开放40多年来，也给国家的政府管理体制、传统管理理念和社会管理能力带来巨大挑战。因此，中国正不断适应改革开放的新趋势，统筹推进党的自身建设，重塑中央与地方关系，调整政府组织结构，转变政府职能，加强城乡基层政权建设，逐步实现向现代公民社会的转变。

6. 提高了国际影响力，为实现全球稳定与繁荣贡献了中国智慧

中国不断提升自己的综合国力，不断走向世界舞台，国际影响力得到不断提高，为实现全球稳定与繁荣及解决人类问题贡献了中国智慧、提供了中国方案，发挥了强有力的引领作用，带动更多国家实现合作发展、互利共赢。

（六）长期坚持对外开放基本国策是必然之路

1. 对外开放是科学总结近现代历史经验的必然结果

近现代以来，中国社会经济长期停滞不前的一个重要原因是奉行闭关自守的孤立主义。闭关锁国造成落后挨打的历史经验教训表明，不对外开放必然会被世界发展所淘汰。

2. 对外开放是顺应世界经济发展趋势的客观选择

当代世界生产、流通和消费领域的社会化、国际化和一体化，普遍要求各国敞开大门，采取更加开放的政策，促进本国社会经济的发展。

3. 对外开放是加快我国社会主义现代化建设的迫切需要

在社会主义初级阶段，面临着资金短缺、技术落后、管理经验不足、生产效率低下等问题、如果以上问题得不到解决，所确定的经济和社会发展战略将面临停滞的风险。要尽快妥善解决现代化建设中的困难和矛盾，就必须对外开放，参与国际分工与合作，发展对外贸易和经济技术交流。因此，对外开放是保证中国社会经济持续、快速、健康发展的极其重要的条件，也是加快我国社会主义现代化建设的迫切需要。

二、党的十八大以来我国对外开放的新形势

党的十八大以来，习近平同志总揽国内外战略全局，积极推进对外开放理论和实践创新，确立开放发展新理念，推进“一带一路”建设，加快构建开放型经济新体制，倡导发展开放型世界经济，积极参与全球经济治理，对外开放事业取得全新成就。

（一）当前我国对外开放面临的新形势

当前，国际政治经济格局正处于大调整时期。中国经济也正处于转变发展方式的关键时期。对外开放面临的国内外形势正在发生深刻复杂的变化，面临着前所未有的机遇和挑战。

1. 主要经济体贸易摩擦加剧，国际经济格局不断调整

2008 年国际金融危机爆发以来，国际经济格局不断调整，全球经济复苏举步维艰，深层次的结构性矛盾没有得到有效解决，新的增长势头尚未形成，中、美、日、欧等主要经济体的关系存在诸多不确定性。如何在复杂的国际政治经济形势下抓住机遇、化解挑战，是中国对外开放面临的重要任务。

2. 多极化发展改变了国际政治力量对比

随着全球经济结构的深刻调整，新兴市场国家和发展中国家作为一个

整体的出现，国际政治力量“由东向西崛起”和“由南向北崛起”的趋势更加明显。中国、印度、巴西、俄罗斯、南非等新兴经济体在国际经济治理体系中的话语权明显增强，在全球事务中发挥的作用越来越大，在应对全球挑战中承担的责任越来越多。如何更好地发挥新的国际作用，承担起与自身发展阶段相适应的责任，是新兴经济体不可回避的重要问题。

3. 保护主义与民族主义已成为阻碍经济全球化的重要因素

以贸易投资自由化便利化为代表的经济全球化虽然促进了全球的繁荣与发展，但是全球化发展并不是一帆风顺的。近年来，全球经济复苏艰难曲折，反全球化浪潮波涛汹涌，保护主义和民族主义趋势加剧。反全球化不仅破坏了全球经济一体化进程，而且践踏了国际经贸的规则和惯例，给世界经济带来各种不确定性和不稳定风险。

4. 新一轮科技革命和产业转型开启

近年来，全球科技创新进入了前所未有的密集活跃期。新一轮科技革命和产业转型正在重塑全球的经济结构，全球经济版图正在重新组合。中国的科研基础还比较薄弱，部分核心技术和关键技术还受制于人。因此，必须适应世界潮流，紧跟时代步伐，加强自主创新，加快科技攻关，满足国家发展需要。

5. 加快培育新的竞争优势已成为全球经济的发展方向

目前，中国经济发展进入新常态，传统竞争优势减弱，传统发展模式遭遇瓶颈。在严峻复杂的国内外环境下，如何加快开放经济由要素驱动向创新驱动、由规模速度向质量效益、由成本和价格优势向以技术、标准、品牌、质量和服务为核心的综合竞争优势转变核心，现已成为对外开放必须把握的主要方向。

6. 中国日益成为世界秩序混乱中的“定海神针”

中国是世界开放发展的受益者，也是世界开放发展的贡献者。随着中国在世界影响力的日益增强，国际友好势力也希望中国在国际事务中发挥更大作用。面对近年来复杂多变的国际形势，习近平总书记多次发出中国反对任何形式的贸易保护主义、支持经济全球化的强烈声音，对稳定民心、增强信心发挥了重要作用，中国日益成为世界混乱中的“定海神针”。①

（二）全面对外开放新格局的新特点

“十三五”期间的对外开放是全面开放、深度开放，是利用国内国际两个市场、两种资源的开放，是对内、对外同步双向的开放。正如习近平同志所言：“我们要坚持开放的发展，让发展成果惠及各方。在经济全球化时代，各国要打开大门搞建设，促进生产要素在全球范围更加自由便捷地流动。各国要共同维护多边贸易体制，构建开放型经济，实现共商、共建、共享。”②

这段时期我国对外开放主要具有以下特点。

1. 全面开放

所谓全面开放，就是对所有国家开放。各民族国家，无论大小、发展水平、性质、类型，都有自己的长处，扬长避短值得学习。

2. 多层次的开放性

所谓多层次，是根据各地的实际情况和特点，通过经济特区、沿海开放城市、经济技术开发区、沿海经济开发区、自由贸易区等多种形式对外开放。这种多层次的对外开放格局，是在不断总结经验的基础上，有重点、有层次、由点到面、循序渐进、全面发展。

3. 开放的宽领域

所谓宽领域，是指我国对外开放的范围，涉及经济、政治、科技、教育、文化、体育、艺术、卫生等多个领域。其中，经济是最重要的领域。它有许多方面，包括对国际商品市场、国际资本市场、国际技术市场和国际劳动力市场的开放，以及向能源、交通、金融、保险、房地产、服务业等基础产业开放。

---

① 汪洋．推动形成全面开放新格局［N］．人民日报，2017－11－10.

② 苏格．平易近人：习近平的语言力量（外交卷）［M］．上海：上海交通大学出版社，2018.

4. 全面对外开放，推动改革发展

党的十八大以来，对外开放在整个开放型经济改革中发挥了主导作用。而较为典型的对外开放就是赋予自由贸易试验区更大的改革自主权，探索自由贸易港建设，这将有利于加快开放型经济体制改革，进一步简政放权，促进国内贸易和投资规则与国际通行规则的融合，促进资金、技术、人才等生产要素的合理流动。

5. 全面开放，注重平衡

全面开放内涵丰富，包括扩大开放范围、深化开放水平、创新开放方式、优化开放空间、提高开放质量。从开放布局看，综合开放实现了沿海开放与沿边内陆开放的更好结合。“一带一路”建设促进了大陆与边疆从边缘开放区向核心开放区的转变，逐步形成了陆、海、内联动和东西方互助的开放格局。从开放模式看，全面开放实现了进出口贸易的更好结合。

党的十八大以来，对外开放强调引进资金、技术等因素，强调走出去：一方面要提高进口产品的质量和水平，通过投资和技术的结合，促进我国企业融入全球产业链和价值链；另一方面，支持企业走出去，利用我国强大的生产能力、已掌握的先进技术和丰富的外汇储备，扩大对外投资合作，增强全球资源整合能力，开拓经济结构调整的战略空间。

（三）全面对外开放新格局的新转变

建立全面开放的新格局，是发展更高层次开放型经济的前提，也是确保新时期我国经济高质量发展的关键。

可以说，新一轮对外开放是从 2018 年 11 月第一届中国国际进口博览会开始的。这将是高水平、全方位、立体化的对外开放，标志着中国对外开放进入了一个新阶段。我国将由过去的有限范围、有限领域的开放向全面开放转变，由试点为主的政策性开放向法律框架内可预见的开放转变，由单边主导的自主开放向相互开放转变。

1. 从区域的开放到全面开放

20 世纪 90 年代中期以来，中国对外开放不仅通过沿海开放城市和开放地区，而且形成了东西南北中全面开放的局面，极大地提高了中国经济开放的程度和范围。党的十八大以来，随着“一带一路”、长江经济带、京津冀一体化、雄安新区战略的加快发展，中西部内陆开放高地建设不断加快。特别是国家先后在中西部地区布局了 10 个国家级新区，落地 21 个自由贸易试验区，建设 100 多个国家级口岸，全面开放的格局日益明显。

更重要的是，中国将进一步从区域全面开放向产业全面开放转变。全面开放有竞争力的产业，在一定条件下允许外资进入，这既是构建命运共同体的需要，也是中国开放型经济发展的内在要求。

2. 生产和资本国际化程度进一步提高

在世界经济一体化趋势日益明显的背景下，中国市场不仅将朝着全面开放的方向发展，国际资本和大宗商品能够更广泛地进入国内市场，而且国内资本也将以更快的速度进入国际市场。

随着中国经济的不断发展和对外联系的日益密切，越来越多的中国企业需要开展跨国业务。中国将有更多的企业从事跨国生产和经济活动，中国企业的生产和资本国际化也将进一步加强。“引进来”和“走出去”将成为中国对外开放的两个车轮，将有效地推动中国对外开放发展。

3. 中国金融市场与世界市场的融合程度将大大提高

改革开放 40 多年来，中国经济开放水平大大提高，但迄今为止，我国开放型经济建设仍处于从初级阶段向高级阶段的过渡时期，中国金融业和金融市场仍相对封闭，开放程度不高。与日益一体化的世界金融市场存在较远距离。然而，金融市场和金融业的开放是经济全球化和世界经济一体化的客观发展趋势和重要表现。因此，一个完全开放、高度国际化的金融市场是经济开放的必然选择之一。

4. 中国的市场经济体制将进一步规范

改革开放以来，我国市场经济体制建设与对外开放同步发展，取得了巨大成就。但是，各种管理手段、规章制度尚未按照开放市场经济的要求进行重组和重构。

随着我国进入全面开放的新阶段，这些规章制度和政府的宏观调控必须遵循国际规则符合国际惯例。这既是符合中国自身经济发展的需要，也是经济全球化和一体化趋势对中国的客观要求。

三、我国全面对外开放开启了改革的新征程

（一）全面对外开放的历史意义

对外开放是一个国家繁荣发展的必由之路。以开放促改革促发展，是中国现代化建设取得新成就的重要法宝。

1. 全面开放是促进中国经济高质量发展的必然要求

改革开放 40 多年来，中国取得了举世瞩目的成就，在推动改革发展方面发挥了十分重要的作用。但我们必须清醒地认识到，当前中国对外开放还存在一些问题，对外开放的广度、深度和力度还不够深入，这仍然是目前的主要问题。今后，还需要适应复杂的外部环境变化，培育参与和引领国际竞争与合作的新优势，推动我国经济高质量发展。

党的十九大报告指出，建设现代经济体系，必须以实体经济为重点，将提高供给体系质量作为我国经济质量优势的主要发展方向。构建现代经济体系，必须由中国制造向中国创造、中国智造不断转变，全面提高我国现代工业的发展水平。当今世界国际产业分工与合作仍在深化，服务外包和服务投资已成为国际经贸合作的新热点，为新兴经济体提升在全球价值链中的地位带来了机遇。跨境电子商务、工业物联网的渗透和扩张，以及供给侧新工业革命的成果，促使世界经济更加繁荣。同时经济供给方面正在发生新的变化，以互联网和人工智能为代表的新技术革命取得了实质性进展。各国对新兴产业发展寄予厚望，抢占产业制高点的竞争日趋激烈。

因此，构建现代经济体系，必须更加深入地参与国际产业分工与合作，通过构建全面开放的新格局，进一步推动现代产业发展。

2. 全面开放是经济全球化的必然要求

经济全球化是当代世界经济的重要特征之一，也是世界经济发展不可逆转的趋势。其根本原因是生产力和国际分工高度发展，需要进一步跨越地区和国界。

当前，虽然世界正处于大发展、大变革、大调整时期，但贸易保护主义和孤立主义开始抬头。单边主义和贸易保护主义、随意违反 WTO 规则和对贸易伙伴国的压制严重损害了经济全球化的发展环境和合作基础，为全球经济的崛起和贸易投资的增长蒙上阴影。

和平与发展仍然是时代的主题。随着全球治理体系和国际秩序改革的加快，交流与合作仍然是国与国之间的主流关系，这将继续推动经济全球化进程。随着各国经济相互依存程度的加深，经济关系已成为国家间最重要的主线之一。

因此，经济全球化往往是国家发展的重要战略机遇。中国改革开放正是在于抓住了这一机遇才能取得巨大的经济社会成就。目前，中国经济正逐步从高速增长阶段向高质量发展阶段转变，正处于转变发展方式、优化经济结构、转变增长动力的关键时期。这就要求我们紧紧把握住经济全球化持续发展的战略机遇。

一方面，产品价值的实现可以通过扩大外部需求来实现；另一方面，国内外市场的资源可以通过优化配置支持我国的经济发展。因此，构建全面开放格局，进一步加强与其他国家和地区的经济交流与合作，是推动我国经济高质量发展的正确轨道，也是经济全球化的必然途径。

3. 实施全面开放政策，有利于巩固构建人类命运共同体的合作基础

要实现习近平总书记提出的构建人类命运共同体的目标，必须开展互利共赢的国际合作。作为世界第二大经济体和最大的贸易投资国，中国的全面开放将为世界各国扩大对华贸易投资合作、分享中国发展红利创造更

多机遇。这是中国主动承担新兴大国责任的重要表现。

需要强调的是，面对构建人类命运共同体的重要任务，只有发展更高水平的开放型经济，才能抓住世界经济格局演变中蕴含的有利机遇。要准确把握国际国内发展大势，明确新时期对外开放布局、方式和重点，加强发展内外联动，加快形成全面开放新格局，以高水平对外开放支撑经济高质量发展，增强发展活力，拓展发展空间。

（二）我国全面对外开放新征程的工作重点

“十四五”规划明确提出了今后五年形成对外开放新体制的总体要求和主要任务。改善法制化、国际化、便利化的营商环境，努力营造公平公正的法制环境、平等竞争的市场环境、透明高效的行政环境；完善市场准入和监管方式，完善产权保护、信用体系等各个方面。在制度上，扩大共同利益，促进与各国的合作互利。形成与国际贸易和投资规则相适应的制度性规则，积极进行制度和监管层面的改革，适应国际规则的新变化，全面推进各领域的管理体制设施建设对外贸易和对外投资。全面推行准入前国民待遇和负面清单管理制度，创新体制机制，才能赢得国际竞争的主动权。

1. 观念创新，深度耕耘“一带一路”建设

“一带一路”建设是党中央应对国际形势深刻变化和中国发展面临的新形势、新任务、新任务的重大决策。推进“一带一路”建设，需要完善“走出去”和“引进来”的保障体系，通过金融、保险、法律、会计、咨询等专业服务，降低风险。在进一步扩大对外开放范围、提高对外直接投资开放水平的同时，积极引导企业主动发展外商投资，将“走出去”与“引进来”相结合，以“一带一路”为着力点，相互促进、融合发展，培育更多具有全球影响力的跨国公司，逐步进入更广阔的国际市场获取更多的资源；结合产业升级，通过全球布局促进产业国际转移和产业链全球优化；着力营造良好的贸易投资环境，通过政府之间协议保护企业发展利益，保护知识产权；国民待遇作为吸引外资发展的原则，优化外商投资经营环境。

2. 能力创新，增强国家软实力和硬实力

推动全面开放新格局的形成，既需要经济硬实力，也需要政策制度等文化软实力。任何一种创新都可以应用于全面开放新格局的形成和发展。牢牢把握创新节奏，依靠多种形式的创新，增强国家软实力和硬实力，加快形成以创新为先导、以创新为支撑的经济体制和发展模式，服务全面对外开放新格局的形成和发展。提升经济硬实力，就是要在贸易往来中输出优良的产品、技术、服务和模式；提升文化软实力，就是要深入挖掘中国优秀传统文化的成果，通过吸收和借鉴其他优秀文化，电影、电视、戏剧、游戏等载体不断对外输出中国优秀传统文化，展示我们的文化自信。

3. 企业创新与国际化新企业培育

中国的对外开放要以对新兴经济体和转型期国家的开放为重点，以新的形式、新的模式服务于全方位开放的新格局，要加强“一带一路”、中巴经济走廊和孟中印缅经济走廊的协调发展，包括统筹协调与推进海上交通走廊建设和土地基础设施建设，产业合作园区和机制平台，继续与发达国家和地区保持良好的贸易联系，推动金融市场安全有序双向开放，积极支持国内有实力、有条件的企业开展实实在在、合规的外商投资，支持中国企业“走出去”，支持中国企业参与“一带一路”建设。加强对传统企业的创新和“走出去”支持，首先要实现产品销售的国际化和服务体系的本土化；其次要实现研发生产的国际化；最后要实现品牌和管理体系的国际化。特别应关注企业品牌在全球范围内的良好口碑，无论是在企业内部还是外部。分工在全球范围内产业链的合理布局和动态调整，将引领行业发展，对行业标准有话语权。

4. 在全面对外开放工作中，创新思路，抢占先机

（1）创造新的国际竞争优势。要进一步研究判断新一轮技术革命与产业革命的发展方向和主导技术及生产方式转变趋势，坚持创新驱动发展战略，引导企业加大投入。在新经济新业态中，大力发展新兴产业，创新商业模式，采用中国创新、中国品牌、中国品质，推动中国产业全球价

值链地位的提升。同时，以智能化、绿色化、服务化为导向，通过技术改造、设备更新、节能降耗引导传统产业升级改造，挖掘传统产业出口潜力，全面加强知识产权保护，营造全社会尊重知识、鼓励创新的良好氛围。

（2）着力改善营商环境。深化“放管服”改革，创造更加公平、透明、便捷、有吸引力的投资环境，是提高对外开放水平的重要立足点。全面增强各级政府的服务意识和能力，落实投资自由化便利化的高水平政策，形成贸易投资便利化的长效机制，降低交易成本在各个领域和环节，形成良好的经营环境。

（3）大力放宽市场准入。立足新时期社会主要矛盾的变化，稳步推进金融、电信、文化、旅游、交通、商贸物流、专业服务等领域的对外开放。继续把扩大制造业对外开放作为利用外资工作的重点，引导服务业对外开放和发展。引导外商投资企业参与“互联网 +”产业强健基础工程、绿色制造、智能制造、服务制造等关键领域的技术创新，进一步拓展合资合作空间。加快开放国内创业园、创作者空间等“双创平台”，拓宽“众创”国际国内融资渠道，不断提高创新创业的开放性和国际影响力，形成开放、有序、充满活力的创新生态系统。

（4）优化区域开放布局。统筹国内开发开放、沿海开放和内陆开放，把新一轮对外开放作为提升区域发展质量的有力切入点，加强“一带一路”建设与区域协调发展战略相结合，推进新一轮对外开放、振兴东北、中西部开发和东部崛起。引领沿边开发，形成陆海内外联动、东西互利的开放格局。特别是实施更加灵活的政策，促进产业向中西部地区梯度转移，积极推动创造新的开放增长极。值得注意的是，在加强西部开放的过程中，应充分认识西部地区不同地区发展阶段和区域特点的差异，改善中西部地区投资环境，加快发展配套服务业和商业服务体系建设，根据西部大开发条件和生态环境，采取环保、技术、质量等标准严格执行国家规定。在国家产业政策引导下有效促进产业有序转移。

（5）探索建设优质自由港。按照中央的统一部署，深入总结自贸试验区建设的试点经验，进一步加大制度创新力度，赋予自贸试验区更大的改革自主权。完善负面清单管理模式，提高自由贸易试验区建设质量。在扩大开放领域、简化行政程序等方面的有效政策和做法，可以复制并全面推广。在此基础上，借鉴国际成功经验，探索建设自由贸易港。要坚持合理布局、统筹规划、顶层设计，创新自由贸易港发展模式，探索自由贸易港新的管理体制和机制，切实建设功能完善、开放度高的自由贸易港，内外通畅，安全高效，为全球贸易和投资便利化创造新的基准。

（6）深化“一带一路”合作。“一带一路”建设是中国扩大对外开放的一项重大举措，也是今后一段时期对外开放工作的重点。要在“一带一路”的基础上深化各领域合作，培育沿线国家和地区的市场需求，促进互联互通和产业对接，搞好重点工程建设。在产品和企业“走出去”的基础上，本着互利共赢的原则，加强境外工业园区建设，形成产业集聚区，支持我国优势产业沿线国家经济发展，帮助其实现产业升级，进而提高沿线国家和地区的产业发展水平。为长期、制度化的产能合作创造有利条件。此外，还应加强创新能力的开拓与合作，培育新的贸易增长点，扩大投资领域，推动“一带一路”建设迈上新台阶。

第二节　对外开放与自由贸易区建设

一、对外开放的重大历史意义

（一）坚持开放中发展，有利于经济全球化更加可持续

经济全球化是历史潮流，中国将顺应经济全球化潮流，通过开放式发

展促进经济全球化持续健康发展。

1. 经济全球化是不可阻挡的历史潮流

历史证明，开放带来进步，封闭导致落后。经济全球化为世界经济增长提供了强大动力，促进了商品和资本的流动，促进了科学技术和文明的进步，促进了各国人民的交流。困扰世界的诸多问题，如国际金融危机、难民流动、网络安全和治理，都与经济全球化相违背。要解决这些问题，必须推动经济全球化，构建国际政治经济新秩序，促进各国合作共赢、共同发展。由此可见经济全球化的历史趋势不可阻挡。正确的选择是充分利用一切机会，合作应对一切挑战，不断推进贸易投资自由化便利化，引导经济全球化。

2. 中国坚持开放式发展，为经济全球化深入发展作出了巨大贡献

改革开放以来，中国坚持对外开放的基本国策，积极推进自由贸易，建立开放、透明、包容、非歧视的多边贸易体制，构建互利共赢的全球价值链，培育全球市场，对全球经济、贸易和投资的拉动作用日益增强，成为全球化的重要引擎之一。2016 年，中国对世界经济增长的贡献率超过 30%。中国多年来一直是世界上最大的货物贸易国，已成为 120 多个国家和地区的最大贸易伙伴。据商务部、国家统计局和国家外汇管理局联合发布的《2019 年度中国对外直接投资统计公报》显示：2002—2019 年，中国对外投资的年均增长速度高达 26%；2013—2019 年累计流量达 10 110. 3 亿美元，占对外直接投资存量规模的 46%。中国对外开放为世界各国提供了广阔的市场、大量的资金、丰富的产品和宝贵的合作机会，为全球贸易和投资增长提供了重要动力。

3. 中国积极推进更高水平的对外开放，促进经济全球化的可持续发展

经济全球化是一把“双刃剑”，有积极的一面，同时也存在不足。要释放经济全球化的更多积极影响，消除负面影响，必须顺应趋势，主动推进更高水平的开放。对外开放是中国经济繁荣发展的必由之路，也是世界经济繁荣发展的必然选择。

中国顺应历史潮流，在更高层次上对外开放，努力引导经济全球化持续健康发展。为此，中国不断丰富对外开放内涵，积极提高服务业和制造业对外开放水平，拓宽对外开放广度和深度，扩大内地对外开放，构建沿边开放新平台，优化对外开放区域布局；全面推进双向开放，促进国内外要素有序流动；资源有效配置，推动开放经济发展。

（二）坚持对外开放创新，使经济全球化更加蓬勃发展

创新是经济全球化发展的动力和出路。只有在开放中坚持创新，在创新中寻找动力，经济全球化才能更加蓬勃发展。

1. 经济全球化迫切需要新的创新力量

2008 年国际金融危机爆发后，世界经济正处于深刻调整阶段，整体增长乏力。一些发达经济体的特点是低增长、低通胀、高失业率和高负债，缺乏持续强劲的经济增长动力。以全球贸易和投资为特征的经济全球化，由于传统力量的衰落而放缓。过去的两大对外开放驱动力（发达国家扩大货物贸易需求和制造业转移）逐渐减弱。全球对外投资面临的不确定性大大增加，保护主义抬头。经济全球化和世界经济发展迫切需要找到新的动力。

目前，以数字信息技术创新为核心的新一轮科技革命和产业转型蓄势待发，人工智能、虚拟现实等新技术发展迅速。虚拟经济与实体经济的深度融合将给人类的生产生活方式带来革命性的变化。面对新形势新机遇，促进各国和世界经济增长，要推动创新，凝聚各国推动创新的力量，抓住新科技革命的历史机遇，产业变革和数字经济发展，为世界经济增长开辟新空间和增添新动力。同时，要促进宏观经济政策创新，有效地结合财政政策、货币政策和结构改革政策，努力扩大全球总需求，全面提高供给质量，夯实经济增长的基础。

2. 中国坚持对外开放创新，努力为经济全球化和世界经济增长注入创新动力

创新是改革开放 40 多年来中国经济持续快速发展的驱动力。我们党

不断推进理论创新、实践创新、制度创新，坚持中国特色社会主义道路，以务实的精神深化改革开放。从建立经济特区到开放沿海城市，从开放沿海经济开放区到开放内陆边境地区，从加入世界贸易组织到建立自由贸易试验区，这些创新实践为发展中国家的开放发展提供了新的中国经验。

当前，中国进入了与世界深度互动、对外开放的新阶段。中国坚持对外开放中的创新，以制度创新为核心，加快建设开放型经济新体制；积极发展以形式创新为重点的新型贸易方式；加快转变以技术创新为动力的外贸发展方式，促进其发展壮大的新势头，同时也促进了经济全球化和世界经济一体化。

（三）开放中的共享有利于经济全球化更好地联动

目前，人类已成为命运共同体。中国进口博览会的成功举办深刻地表明，经济全球化的利益不应被某些国家所分享，而应被世界各国所分享；促进经济全球化不应是某些国家的单机游戏，而应是世界各国联系的协奏曲。中国的发展得益于对外开放，世界的发展也同样受益于中国。

1. 中国在开放发展中融入世界经济、与世界经济互动，既有利于中国人民，也有利于世界人民

改革开放40多年来，“中国制造”推动了全球制造业的快速发展，深化了全球产业分工。开放的中国市场也为各国企业提供了重要的利润增长点。许多外资企业分享了中国的市场红利。中国的开放为世界带来了更多发展机遇。中国的发展就是世界的机遇。事实证明，中国对外开放对世界有利，新时代中国扩大对外开放只能对世界更有利，中国扩大开放将给各国人民带来更多福祉。

2. 联动是经济全球化的重要特征，世界的发展需要联动

当今世界是一个利益高度统一的命运共同体，各国的发展是紧密联系在一起的，任何国家都不能独立自主，协调与合作是必然的选择。只有坚定不移地发展全球自由贸易和投资，在开放中推动贸易投资自由化便利

化，坚持协调联动，打造开放共赢的合作模式，经济全球化和世界经济才能持续健康发展。

3. 中国把共同发展作为对外开放的出发点和落脚点，努力使经济全球化更好地造福各国和各国人民

大力发展全球互联互通，使世界各国世界能够实现联动增长和共同繁荣。发展的目的是造福人民，中国始终致力于使世界各国的发展机会更加平等，使各国人民共享发展成果。

为此，中国积极推进“一带一路”建设，推动战略、市场、产业、项目与沿边国家和地区有效对接，建设海外经贸合作区，加强与相关国家的互联互通，促进基础设施建设、资源技术共享、开放成果共享，致力于引导全球经济，走向互联互通的新时代。中国倡导和支持亚洲基础设施投资银行等新型多边金融机构的建设，这些机构已开始在地区基础设施建设中发挥积极作用。中国作为负责任的大国参与国际事务，提供更多的全球公共产品，推动经济全球化，造福更多国家和人民。

（四）坚持对外开放，有利于促进经济全球化更加平衡

每个国家都有发展的权利，全球经济治理体系应充分尊重各国发展权，约束各国履行义务，促进经济全球化更加平衡。

1. 要实现经济全球化进程的再平衡，必须推动全球经济治理的转型

目前，虽然全球经济治理体系已经经历了调整和变革，但实质上仍然是发达国家维护自身政治、经济和安全利益的工具。在制定国际经济贸易规则时，由于发达国家与发展中国家议价能力不平等，规则制定中的话语权不对称，这些规则大多未充分考虑到发展中国家的经贸利益，许多标准的制定远远超出了发展中国家的发展水平，造成了对发展中国家的不利局面。

随着世界经济一体化的不断深入和发展中国家实力的不断增强，全球经济治理体系的问题和弊端越来越明显。不符合经济全球化发展方向的举

措，是经济全球化进程的严重障碍。

2. 中国开放发展提升了发展中国家的地位，促进了全球经济治理的转型

目前，新兴市场国家和发展中国家对世界经济增长的贡献率已达80%，我国的贡献率约为1/3。作为世界上最大的发展中国家和第二大经济体，中国已成为改变全球经济南北失衡、促进经济全球化持续健康发展的重要力量。近年来，中国积极参与国际事务，已成为多边贸易体系的重要成员，在国际货币基金组织（International Monetary Fund，IMF）投票权中排名第三。人民币已被IMF纳入特别提款权（Special Drawing Right，SDR），在国际经贸活动中的应用越来越广泛。中国在国际经贸规则和全球经济治理中的影响力不断增强，有力地促进了新兴市场国家和发展中国家参与全球经济治理，推动经济全球化深化发展。

3. 中国积极推动经济全球化更加平衡

在全球经济治理体系改革过程中，中国积极承担起帮助发展中国家特别是落后国家发展经济、改善民生的国际责任和义务。加快实施自贸区战略，构建高标准自贸区全球网络，在区域和次区域框架内推进贸易、投资和服务便利化和自由化，有利于保持世界贸易组织在全球贸易和投资自由化中的主渠道地位，提高新兴市场国家和发展中国家的话语权，促进经济全球化更加平衡。

二、中国对自由贸易区战略的探索

1. 自由贸易区概况

自由贸易区是WTO最惠国待遇的例外，比多边贸易体系更加开放。这意味着一些国家和地区在多边承诺的基础上，进一步相互开放市场，实现贸易和投资自由化。但是，成员方仍然对从非成员方进口的产品保持自己的限制性政策。一些自由贸易区只对一些商品进行自由贸易，如欧洲自

由贸易联盟（European Free Trade Association，EFTA）的自由贸易商品仅限于工业产品，而非农产品。这种自由贸易区被称为“工业自由贸易区”。一些自由贸易区，如拉丁美洲自由贸易联盟和北美自由贸易区，对所有工农业产品的贸易免除关税和数量限制。

近年来，自由贸易区在世界范围内大量涌现。截至 2019 年，全球共有 1 300 多个自贸区，其中 15 个发达国家 425 个，67 个发展中国家 775 个，其中有 80% 的自贸区是在 10 年内建成的。全球贸易的 50% 以上是在比世贸组织条件更优惠的区域集团内进行的，其中 67.6% 在欧盟，55.7% 在北美自由贸易区①。

2. 中国对自由贸易区建设进程

加快实施自贸区战略是我国新一轮对外开放的重要组成部分。2007 年 10 月 15 日，在党的十七大上，首次将自贸区建设提升为国家战略。2012 年 11 月 8 日，党的十八大提出加快实施自由贸易区战略。2013 年 11 月 9 日，中共十八届三中全会提出，要以周边基础加快实施自贸区战略，形成面向全球的高标准自贸区网络。

2013 年上半年，中国商务部、上海市人民政府会同国务院有关部门制定了《中国（上海）自由贸易试验区总体规划（草案）》，报国务院审批。2013 年 7 月 3 日，中国国务院常务会议审议并原则通过了规划草案。2013 年 8 月 22 日，中共中央、国务院决定设立中国（上海）自由贸易试验区，包括外高桥保税区、外高桥保税物流园区、洋山保税港区、上海浦东机场综合保税区四个区域，总面积 28.78 平方公里。

2014 年 12 月 12 日，中共中央、国务院决定设立中国（广东）自由贸易试验区、中国（天津）自由贸易试验区和中国（福建）自由贸易试验区三个自由贸易区。广东自贸试验区包括广州南沙新区、深圳前海蛇口区和珠海横琴新区三个区域，总面积 116.2 平方公里。天津保税区包括天

① 中商产业研究院．2018—2022 年中国自由贸易园区建设进程及申报指导报告[R]. 2019.

津港区、天津空港区、滨海新区中心商务区三个区域，总面积119.9平方公里。福建自贸试验区包括福州、厦门、平潭三个区域，总面积118.04平方公里。

2014年12月28日，国务院决定扩大中国（上海）自由贸易试验区范围，包括外高桥保税区、外高桥保税物流园区、洋山保税港区、上海浦东机场综合保税区、金桥出口加工区、张江高新区、陆家嘴金融贸易区，这七个区域，占地面积120.72平方公里。

2015年11月9日，中央全面深化改革领导小组第十八次会议审议通过了《关于加快实施自贸区战略的若干意见》，提出了总体要求，中国自贸区建设的基本原则、目标、任务和战略布局，标志着中国自贸区的理论体系已经形成。

2016年8月31日，中共中央、国务院决定设立7个自贸区，分别是中国（辽宁）自由贸易试验区、中国（浙江）自由贸易试验区、中国（河南）自由贸易试验区、中国（湖北）自由贸易试验区、中国（重庆）自由贸易试验区和中国（四川）自由贸易试验区和中国（陕西）自由贸易试验区标志着我国自贸区建设试点探索的新航程。

2018年4月13日，中共中央、国务院决定支持海南岛建设中国（海南）自由贸易试验区。

2018年10月16日，国务院发布《国务院关于设立覆盖海南全岛的中国（海南）自由贸易试验区的批复》。

2018年11月23日，国务院发布《关于支持自贸区深化改革创新若干措施的通知》。

2019年7月27日，国务院关于印发《中国（上海）自由贸易试验区临港新区总体方案》。

2019年8月26日，国务院批准设立6个新的自由贸易试验区，同意设立中国（山东）自由贸易试验区、中国（江苏）自由贸易试验区、中国（广西）自由贸易试验区、中国（河北）自由贸易试验区、中国（云南）自由贸易试验区和中国（黑龙江）自由贸易试验区。

2020 年 9 月 21 日，国务院正式印发《中国（北京）自由贸易试验区总体方案》《中国（湖南）自由贸易试验区总体方案》《中国（安徽）自由贸易试验区总体方案》《中国（浙江）自由贸易试验区扩展区域方案》。

2013 年 9 月至 2020 年 9 月，中国先后批准了 21 个自由贸易试验区，初步形成了“1 +3 +7 +1 +6 +3”的基本格局和东西南北中、陆海协调统筹的对外开放格局。同时在投资贸易自由化便利化、金融服务实体经济、政府职能转变等方面进行了大胆探索，取得了显著成效，为中国建设自由贸易港奠定了坚实的基础。

第三章　我国自贸试验区与自由贸易港发展研究

第一节　自贸试验区发展概况

自贸试验区是我国为适应全球贸易发展格局及规则标准体系新变化，以开放促改革，以改革促发展的产物，肩负着为进一步改革开放、全面提高开放型经济水平探索新路径、积累新经验的任务，同时也扮演着国家实施自贸区战略、提高区域合作水平的先行者角色。

中国自由贸易试验区是党中央、国务院全力打造中国经济升级版的最重要举措，其意义堪与20世纪80年代深圳经济特区成立和90年代浦东开发开放两大事件相媲美，其核心是营造一个符合国际惯例的、具有国际竞争力的国际营商环境。

一、我国自贸试验区建设的总体情况

（一）自贸试验区的基本概念

1. 自由贸易区与自由贸易试验区

自由贸易区和自由贸易试验区两者截然不同。

（1）自由贸易区是指在已签署自由贸易协定的成员之间，全面取消商品贸易中的关税和数量限制，商品可以在成员之间自由流通。但是，成员方仍然对从非成员方进口的产品实施限制性政策。部分自由贸易区只对部分商品进行自由贸易，如欧洲自由贸易联盟（EFTA）的自由贸易商品仅限于工业产品，而非农产品。这种自由贸易区被称为“工业自由贸易区”。有些自由贸易区，如拉丁美洲自由贸易联盟（Latin American Free Trade Association，LAFTA）和北美自由贸易区（North American Free Trade Area，NAFTA），免除所有工农业产品的贸易关税和数量限制。原则上，自由贸易区是指允许货物在不受海关监管、禁止和关税增加“干预”的情况下进口、制造和再出口。

（2）试验区又称外围区（Outer Buffer Zone），是位于缓冲区外的一个多用途地区。20 世纪 80 年代初以四大经济特区及 14 个沿海开放城市为先导的试验区为我国积累了宝贵的发展经验。但随着市场化改革的深入，以“开放”为主的改革试验已不能满足中国的发展需求。因此试验区的建设开始向综合配套方向转移。

（3）自由贸易试验区是指在贸易和投资等方面采取比世贸组织有关规定更加优惠的贸易安排。它们位于主权国家或地区海关边界以外的特定区域，允许外国货物免税并自由出入境。实质上，这是一个实行自由港政策的关税隔离区。狭义上讲，它只是提供加工出口原材料等货物进口免税的地区，类似于出口加工区。广义上讲，它还包括自由港和过境贸易区。

自由贸易试验区实质上是自由贸易区，是指在某一国家或地区境内设立的实行优惠税收和特殊监管政策的小块特定区域。它的特点是关税区内面积小，是单一主权国家（地区）的行为。一般来说，自由贸易试验区需要被围网隔开，并免除或担保进入国外地区的货物关税，而不是减少关税。目前，许多国家独立建立的自由港和自由贸易区都属于这一类型，如德国汉堡自由港、巴拿马科隆自由贸易区等，中国的保税区、出口加工区、保税港等经济功能特区。

2. 中国自贸试验区发展概况

中国自由贸易试验区，是中国政府设立在上海、天津、广东、福建、辽宁、浙江、河南、四川、陕西、海南等地的区域性自由贸易园区，是顺应全球经贸发展新趋势的国家战略，先行先试、深化改革、扩大开放的重大举措。

（1）中国自贸试验区的先行先试。加快实施自贸区战略是我国新一轮对外开放的重要组成部分。

2013 年，这是中国在改革开放新的历史条件下，立足国家战略需要，适应经济全球化新形势，在更高层次上推进改革开放的积极尝试。中国（上海）自由贸易试验区的启动意义重大。

①建立自由贸易试验区，以开放促改革，建立融入全球新格局、新规则的“倒逼”机制，实现我国开放型经济转型升级。

②建立中国（上海）自由贸易试验区，积极适应全球经济治理新格局，构建新时期中国面向世界、培育亚太的战略载体。

③建立中国（上海）自由贸易试验区，形成国家对外开放新格局的试点，在国际体系规则、法律规范的实践中走在前列，政府服务和运行模式，为深化改革开放提供可供参考的“制度试验池”和适合推广的新试验模式。

上海要成为国家改革开放的排头兵和科学发展的先行者，为我国经济升级发挥示范作用。为此，设立中国（上海）自由贸易试验区，就是要主动在国家开放战略中走在前列，为中国推动更高水平的对外开放创造经验、积累经验，与中国的国际地位相适应，引领经济开放升级。

（2）中国自贸试验区的作用。

①自由贸易试验区是一个“开拓性”的探索，不是一个简单的优化程序。坚持大胆试验、大胆创业、自主改革，突出标杆管理在改革开放试点领域的引领作用，积极探索和创新改革开放“深水区”。

②自由贸易试验区可以促进政府管理理念和模式的转变，推动政府管理由事前审批向事后监督转变，建立方便市场参与者、适应市场需求的服

务型政府管理体系。

③自由贸易试验区可以提升贸易便利化水平，创造良好的投资环境，为对外开放开辟新高地，促进多边和双边合作深入发展。

④自由贸易试验区可以处理好政府与市场的关系，解决深层次矛盾和结构性问题，积累更多的经验和制度创新，可以在更大范围甚至全国推广。

（二）中国自由贸易试验区建设成就

（1）七年多来，我国各贸易试验区在改革开放“深水区”积极探索创新，敢于攻坚克难，在许多领域取得重大进展，在改革开放示范中发挥了引领作用。

（2）深化改革开放激发了自贸试验区经济活力，在投资、贸易、金融、政府职能转变等方面取得了一系列制度创新成果。

（3）在实践中，各地充分认识到自贸区是国家试验田，不是地方储备地；是制度创新高地，不是优惠政策洼地；是“苗圃”，不是“盆景”；是一个“开拓性”的探索，而不是一个简单的优化过程。如今，自由贸易试验区改革的“苗圃”蓬勃发展，一批制度创新的“良种”从这里不断播撒到全国，推动了全国改革开放再上新台阶。

（4）结合地方特色，各自由贸易试验区积极探索改革创新：上海自由贸易试验区不断创新以负面清单为核心的管理体制、广东重点建设粤港澳大湾区合作示范区、天津探索建设京津冀协同发展示范区、福建着力深化两岸经济合作、辽宁着力加强东北亚区域开放合作、浙江积极探索推进石油全产业链投资便利化和贸易自由化等。

（5）自由贸易试验区建设已成为推动构建开放型经济新体系战略部署的重要途径，是复杂国际经贸环境下体制机制创新的综合试验田。经过一段时间的试点，自贸区在资源市场配置新机制、经济运行管理新模式等方面形成更具可复制性和可推广性的经验和模式。全方位开放的新格局和国际合作竞争的新优势，进一步拓展了我国对外开放的广度和深度，为“十三五”时期基本形成开放型经济新体制，开创全方位开放新局面，奠定了坚实的基础。

（6）自贸区建设表明，中国应在与高标准国际经贸规则对接的基础上，加快贸易投资自由化便利化，从而为建设开放型世界经济拓展更广阔的发展空间。自贸试验区建设之初，其政策设计和制度创新的出发点就是要与高标准的贸易和投资规则“对标”。无论是与备受争议的跨太平洋伙伴关系协定还是与 WTO《贸易便利化协议》等多边规则相比较，中国自贸试验区政策制度都完全符合国际规则的演变趋势。

（7）自由贸易试验区建设标志着中国特色“双自联动”开放机制的形成，自主开放与协议开放相辅相成。目前，我国已经形成了全面、成熟的对外开放体系，不仅有自由开放的自由贸易试验区，还有与其他国家协定开放的自由贸易区。这两类“自贸区”充分实现了“双自联动”。自主开放有利于充分考虑国内的体制基础，充分发挥特区（中心城市和对外开放口岸）的优势，特别是体制能力，促进全面开放。协议开放可以使国内经贸体系与国际规则体系充分融合，增强国际竞争力和全球治理能力。

（8）自由贸易区建设通过自由贸易区的开放创新，进一步拓展产业创新发展空间。经过几年的探索，自贸区初步形成了国际化、法制化、便利化的营商环境，吸引了大量国内外市场主体落户，实现了高端制造业，现代服务业和新一代信息技术产业在自贸区内也可成为创新创业者的乐园。实践证明，自贸区为构建中国经济升级版提供了有力支撑。扩大后的自贸区将继续坚持创新发展，努力实现高端产业的可持续集聚，在产业升级和经济转型中发挥重要作用，率先实现产业开放格局，以创新推动绿色发展。

二、我国自贸试验区扩容演进的战略意义

建设自贸试验区是新时代我国全面深化改革、扩大对外开放的一项战

略举措。从2013年9月上海自贸试验区的设立到2020年9月北京、湖南、安徽自贸试验区破茧而出，我国自贸试验区建设一步一个脚印，从浦东走向全国，从“一枝独秀”到“四朵金花”，再到“1+3+7+1+6+3”新格局，21个自贸试验区组成的改革“矩阵”，已经覆盖了我国从南到北、从沿海到内陆的广大区域，构成东中西协调、陆海统筹的发展格局，并与“一带一路”建设、自贸协定谈判等区域合作相互配合，助推全面开放新格局。

1. 我国自贸试验区建设的战略意义

建设自由贸易试验区在我国改革开放进程中具有里程碑意义。

（1）建设自由贸易试验区是国家战略，是先行先试、深化改革、扩大开放的重要举措。自贸实验区的改革多以制度创新和提高软实力为核心，形成了较多可复制可推广的经验。

（2）自由贸易试验区建设有利于加快政府职能转变和行政体制改革，促进经济增长方式转变和经济结构优化，实现以开放促发展、以改革促创新。

（3）自贸试验区建设有利于成为深化改革开放的新标杆，有利于培育新的全球竞争优势产业，有利于构建对外合作发展新平台，拓宽经济增长新空间，形成更高层次的改革开放新格局，打造我国经济“升级版”。

2. 我国自由贸易试验区扩大和演变的战略意义

（1）中国21个自贸试验区由北向南，由东海岸向西部内陆，由一个独特的支系到百花齐放，形成了中国对外开放的新“矩阵”，建设优势不同、重点不同的开放新高地，勾勒改革开放创新发展新格局，在范围内深化改革开放将进一步探索途径，服务全国。

（2）自贸试验区在贸易投资自由化便利化、金融服务实体经济、政府职能转变等领域形成了200多项可复制、可推广的创新成果，在全国形成了示范带动效应，形成了多层次、宽领域、复杂的综合改革局面和创新格局。自贸试验区所在省市也在各自职权范围内推广了一些试点经验，形成全国全面深化改革的良好局面。

(3) 自贸试验区创新发展方式，建设开放型经济，完善全球治理，为世界经济发展作出了贡献。作为中国新一轮改革开放的试点领域，自贸区以制度创新为核心，全面检查国际通行规则，检验综合监管能力，提升治理能力，彻底转变行政理念，大大提高了行政效率。自贸试验区不仅要完成制度创新的核心任务，进一步对接高标准的国际经贸规则，继续先行先试；同时要完成差异化的试点任务，在更大领域、更广范围内形成各具特色、各有侧重的试点格局，进一步推动全面深入发展，扩大改革开放，探索改革开放之路。

(4) 从战略上看，自贸试验区再扩建后的建设符合振兴东北老工业基地、西部大开发、中部崛起的战略，长江经济带乃至整个经济带，都符合新一轮改革开放的总体战略布局。今后，自贸试验区建设将继续紧紧围绕制度创新这一核心，承担起推进改革创新、进一步复制推广试点经验的重要任务。

(5) 上海自贸区挂牌七年多来，在体制和机制上取得了显著成效，基本具备建设自由贸易港的必要条件。作为第一个自贸试验区，上海自贸试验区历经了多年的“先行先试”后，取得了显著成效。

①基本形成了以负面清单管理模式为特征的投资准入系统。现行的国际贸易管理规则给予外商投资“准入前国民待遇”已逐渐成为国际投资管理的趋势。目前，全球已有近 80 个国家采用了“负面清单”投资管理模式。上海自贸区试水负面清单是中国走出国门走向国际平台的一步，将有助于推进行政体制改革、法律法规改革和政府职能转变，并使之与国际贸易谈判协定相结合。

②基本形成了以贸易便利化为重点的贸易监管体系。贸易便利化成果是上海自由贸易试验区的重要成果，也是人们最亲身的体验。海关和检疫部门的便利化改革，大大提高了企业和消费者的通关效率，节约了交易和流通成本。

③基本形成了以服务实体经济发展为核心的金融体系。上海自贸区建立了一系列创新的金融体系和风险防范体系，为其他自贸区改革提供了试点样本。

④基本形成了政府管理体制，由事前审批为主向事后监督为主转变。上海自贸区开创了以外商投资备案为主、审批为辅的管理新模式，成功实现了由正名单制向负名单制的转变，开创了外商投资单一管理模式，缩小政府直接干预市场的权力范围。通过改革行政审批制度，明确管理主体，规范管理程序，降低管理成本，提高管理效率，使市场更加活跃。

与现有的自贸区和自贸实验区相比，自由贸易港具有更高更大的开放度。如果要形成全面开放的新格局，建设上海自由贸易港是必由之路。

第二节　我国自由贸易港建设

自由贸易口岸是指设在国家和地区境内、海关检查站以外，允许货物和资金自由出入境的口岸。进出港区的全部或者大部分货物免征关税，货物在自由港可以自由存储、展览、拆卸、改装、重新包装、精加工、加工制造。

2017 年以来，我国多地政府提出探索建设自由贸易港，尤其是已获批的多家自由贸易试验区更是把今后发展的目标瞄准自由贸易港建设。探索建设中国特色的自由贸易港，在中国经济高增长向高质量发展转变时期，对于推动形成全面开放新格局，促进开放型经济创新发展具有重要意义。

一、自由贸易港的基本概况

（一）自由贸易港的定义

严格来说，我国自由贸易港的建设还处于探索阶段，目前国内外学术界对自由贸易港的概念还没有形成共识。

1. 国内学者对自由贸易港的界定

国内学者试图对自由贸易港的定义进行阐述，虽然有一些分歧，但主要观点基本相同。

（1）李九领（2011）认为自由贸易港是指一国关境外所有外国货物免税进出的港口。自由贸易港也可以称为自由贸易区和对外贸易区。

（2）李建萍（2013）提到自由贸易港，又称“自由港”，是指位于国家或者地区内，以港口为核心的，且不受海关管辖，货物、资金、人员可以自由进出的地区，同时，全部或者大部分货物进出免征关税。

（3）赵晋平（2018）指出，自由贸易港一般是指货物位于一国（地区）关税境内外，货物可以自由进出，绝大多数货物免征关税的特定区域。

同时他们的定义都指出，自由贸易港的地理位置是一个港口或其附近地区。此外，相关文献中还提出了自由贸易港区的概念，实质上是指在港口而非其他地区实施自由贸易区政策。

2. 国外学者对自由贸易港的定义

（1）国外相关研究并没有单独讨论自由贸易港，而是将其统一在以自由贸易区概念为研究对象的范围内，将自由贸易港视为自由贸易区的一种形式。

（2）外国在立法中经常使用自由贸易区的通称。当然，具体名称因国家习惯和经济决策机制而异。在美国，它被称为对外贸易区。在墨西哥、萨尔瓦多等国被称为出口装配商，在喀麦隆和加纳被称为工业自由区。

3. 决策者对自由贸易港的定义

2017 年 11 月 10 日，国务院副总理汪洋在《人民日报》发表署名文章《推动形成全面开放新格局》，文中指出，自由港是设在一国（地区）境内关外、货物资金人员进出自由、绝大多数商品免征关税的特定区域，是目前全球开放水平最高的特殊经济功能区。[1] 因此，建设自由贸易港的目的是强化贸易便利化的核心功能，同时为金融、投资和人才流动营造更加便利、自由的政策环境，形成能够参与全球经济竞争的、开放程度最高的新载体和新平台。

4. 自由贸易港的其他定义

（1）根据《大英百科全书》的定义，自由贸易港是指货物在不受海关干预的情况下自由卸货、运输、制造和转运的地区。

（2）根据维基百科的定义，自由贸易港是以贸易为主的经济特区，除此之外，还可以自由进行装卸、转运加工、长期储存等活动。在该地区的外国货物可以免征关税和海关官员的检查。

（3）笔者对自由贸易港的定义是设在国家与地区境内、海关管理关卡之外的港区，对进出港区的全部或大部分货物免征关税，不受海关管制，准许在自由港内，开展货物自由储存、展览、旅游、服务、拆散、改装、重新包装、整理、加工和制造等业务活动，并且允许境外货物、资金、人员自由进出港区，但是外国的船舶必须遵守自由港区所属国有关卫生、移民及治安等法律规定，是全球开放水平最高的特殊经济功能区。

自由贸易港可以是边界清晰的港口的一部分，也可以是整个港口，甚至是港口所在城市的一部分。其主要目的是吸引外资，发展加工仓储业，促进外贸和过境贸易发展，创造就业机会，繁荣区域经济。

（二）自由贸易港的特征

自由贸易港的特点很大程度上来自赋予它们的历史使命。随着科学技术和经济全球化的不断深入，自由贸易港作为一种较为成熟的贸易促进政策工具，其经济和社会效应呈现多样化。此外，国际竞争加剧，多边谈判条件日益苛刻，这些都对现代自由贸易港的建设提出了更高的要求。部分

---

① 汪洋．推动形成全面开放新格局［N］．人民日报，2017－11－10.

学者认为，决定自由贸易区成功的主要因素包括良好的基础设施、简化的海关手续、优惠的税收措施、高素质的劳动力和先进的综合信息系统。根据世界成熟自由贸易港的发展经验，现代自由贸易港的基本特征包括“国内外海关”“出入境自由”“监管便利”等。

1. 自由贸易港的主要特征

自由港的核心要素是“自由”，自由贸易（港口）区本质上是一个“经济飞地”。在境外划定封闭区域，可以转让除特殊管制货物以外的部分贸易主权。

2. 自由贸易港的本质特征

货物、服务、金融和人员的自由流动是自由贸易港的基本特征之一。在自由贸易港，针对为生产出口产品而进口的原材料、中间投入品和资本性商品实行无条件退税和免税。对国内生产的出口产品和服务，以及最终出口的货物，免征营业税。成熟的自由贸易港也享有高度的金融自由，如外资流动、外汇储备、外汇兑换、外汇利润兑换等并不受限。一些自由贸易港对自然人的流动有非常宽松的移民政策。

3. 自由贸易港的衍生特征

基于上述两个特点，便利化制度安排就构成了自由港的基本衍生功能。通过一系列不同于东道国以外的贸易和投资便利化措施，为企业进入自由港提供高效便捷的行政服务，为船舶、货物的报关、检验检疫、通关提供便利。实现自由港开放的经济特征，自由贸易港也采取了简单、自由、灵活的监管机制，其原则是不影响贸易和国际货运。

（三）自由贸易港的分类

1. 按限制程度不同可分为完全自由港和有限自由港

（1）完全自由的港口几乎免征全部或绝大多数外国货物关税，现在世界上已经为数不多。例如香港曾一度属于完全自由港。

（2）自由程度有限的自由港只对少数指定出口商品征收关税或不同

程度的贸易限制，其他商品可享受免税待遇。世界上大多数自由港都属于这一类，如直布罗陀、汉堡、香港、新加坡、槟城、吉布提等。

2. 按其范围不同可分为自由港城市和自由港地区

（1）自由港城市包括港口和城市各部分，属于非关税区。外商可以自由停留，从事相关业务，所有居民和乘客都享有关税优惠，如新加坡和香港。

（2）自由港区只包括港口或者部分城市。不允许外国商人自由居住，例如哥本哈根。

3. 按其功能不同分类

（1）过境贸易。过境贸易的自由港主要分布在西欧，以英国的利物浦和德国的汉堡为代表（这两个港口正在增加出口加工业务）。这些自由港的主要特点是只包括港口和面积较小的港口；不允许工作人员在港区居住和生活；不允许零售业；港口设置国或邻国经济发达，工业发展水平高；港区经济腹地广阔，与交通网络相连，四通八达，地理位置优越。通常位于主要的国际航线上，是洲际和远洋贸易港口。

（2）工商业类。工商自由港主要分布在拉丁美洲、非洲和东欧，以巴西的马瑙斯和罗马尼亚的苏里南为代表。这些自由港的主要特点是交通便利，但不位于或靠近主要国际航线；允许工业投资、加工和制造业经营，以及商业贸易和销售活动；主要目的是通过出口和就业赚取外汇。

（3）旅游和购物。旅游和购物自由港主要分布在加勒比海，以委内瑞拉的马格里塔自由港和哥伦比亚的圣安德烈斯自由港为代表。这些自由港一般位于海岛国家或环海、临海岛屿，自然风光优美，旅游发展环境独特；经济欠发达，产业结构单一（主要产业是与旅游、购物有关的第三产业）；对外经济贸易活动存在单向性。进口贸易的主要目的是回收货币，弥补国内商品短缺，通过旅游赚取外汇。一般不允许加工制造活动，禁止外商进入进口贸易。

（4）综合型。综合自由港主要分布在亚太地区，以香港和新加坡为代表。包括整个港口城市和几个工业区，具有转口贸易、出口加工、金融、商贸、旅游等多种功能。其职能、经济活动和经济发展目标是国际性的。这些自由港的主要特点是地理位置较好；经济腹地（本例中为邻国或地区）经济发展水平处于工业化的早期阶段；周边国家的政治经济体制存在对立和差异，对外经济贸易活动主要是通过“中间人”间接进行。居民可以在自由港生活、生活、娱乐，享受进口免税消费品。

（四）自由贸易港的作用

自由港在一个地区乃至一个国家的外向型经济发展中发挥着重要作用。一般来说，自由港主要发挥以下作用。

（1）提高港口对船东和货主的吸引力，扩大港口吞吐量，大大提高港口的中转功能。

（2）自由港的发展将促进港口的全面、多功能发展，使港口成为外向型经济中心。同时，也将促进港区外向型经济发展。

（3）最大限度地发挥国际贸易的灵活性，提高贸易各方的经济效益。

（4）促进自由港及邻近地区的就业和第三产业繁荣。

二、我国对自由贸易港建设的探索

（一）改革开放初期对自由贸易港的探索

1. 福建省关于自由贸易港的建议

1981 年 7 月，来自福建的泰国华侨李银通曾向时任福建省委第一书记的项南同志提出在厦门建设“自由港”的建议。从那时起，每当中央领导来厦门视察，项南都要汇报“自由港”建设情况。1984 年 2 月，邓小平同志视察厦门经济特区时，项南向邓小平提出，要探索建设厦门自由港，即“货物自由、人员自由、货币自由”。邓小平当即表示，厦门可以实施自由港政策。中央政府与地方政府的积极性和效率都很高。1985年6月29日，国务院批准了《福建省政府关于厦门经济特区实施方案的报告》，批准厦门经济特区扩大到厦门全岛和鼓浪屿，逐步实施自由港政策。

2. 厦门市对自由贸易港的探索

如何实施自由港的一些政策？从中央到地方都没有经验。1985年，厦门市政府组织北京、福建、厦门等地100多名专家成立了厦门经济社会发展战略研究室，专门从事“厦门探索和实施自由港若干政策”，为厦门制订了“国家最佳港口”城市发展的早期战略计划。研究者提出了自由港与其他自由贸易区区别的一个重要标志，即自由港允许自由消费和免税进口。这一特点对现有的海关特殊监管区管理体制提出了挑战。时任厦门市副市长的习近平同志还带有关人员到北京，找余光远、刘国光等专家论证厦门“自由港”的可行性。

尽管国务院同意在厦门“逐步落实一些自由港政策”，但由于种种制约，探索厦门自由港建设的思路当时并未落实。此后，由于种种争议，厦门“自由港”建设举步维艰，没有取得实质性进展。

（二）全面开放新时期对自由贸易港的探索

1. 自由贸易试验区对自由贸易港的先行先试

2013年9月29日，中国（上海）自由贸易试验区正式成立时就涵盖了外高桥保税区、外高桥保税物流园区、洋山保税港区和上海浦东机场综合保税区四个海关特殊监管区域，实际上就已经开始了试验区对自由贸易港的先行先试。

在获批建设的自由贸易试验区中，上海港为“国际航运中心”，天津港为“北方国际航运中心”，大连港为“东北亚国际航运中心”。另外，宁波舟山港是上海国际航运中心的重要组成部分。这些试验区在自由贸易港区建设方面都在进行着各种有益的探索。

自由贸易港政策确实非常有利于对外贸易的发展，但考虑到我国对外贸易的现状、经济运行、税收监管政策等因素，不宜在全国范围内过快推广。因此，只有具备国家认可的国际航运中心资质的沿海城市，才能申请并获批。在上海港向“自由贸易港”发展的过程中，港区的基本功能和优惠政策条件成为洋山港吸引世界关注的重要魅力。

2. 习近平提出探索建设自由贸易港的发展战略

2017 年 10 月 18 日，习近平在党的十九大报告中提出，赋予自由贸易试验区更大的改革自主权，探索自由贸易港建设①。

2018 年 4 月 13 日，在庆祝海南省设立省级经济特区 30 周年大会上，习近平同志指出，党中央决定支持海南全岛建设自由贸易试验区，支持海南逐步探索、稳步推进中国特色自由贸易港建设。分步骤、分阶段建立自由贸易港政策和制度体系，这是党中央着眼于国际国内发展大局，深入研究统筹考虑科学谋划作出的重大决策，是彰显我国扩大对外开放、积极推动经济全球化决心的重大举措②。

2018 年 4 月 14 日，中共中央、国务院印发《关于支持海南全面深化改革开放的指导意见》，明确以现有自由贸易试验区试点地区为主体，根据海南特点建设中国（海南）自由贸易试验区，实施范围为海南全岛。2018 年 10 月 16 日，国务院批准设立中国（海南）自由贸易试验区（以下简称海南自由贸易试验区），并发布《中国（海南）自由贸易试验区总体规划》。

2018 年 11 月 5 日，习近平同志在首届中国国际进口博览会开幕式上发表主旨演讲时指出，加快探索建设中国特色自由贸易港进程。这是中国扩大对外开放的重大举措，将带动形成更高层次改革开放新格局③。

2018 年 12 月 22 日，全国商务工作会议召开。会议要求，精心办好第

---

① 习近平．决胜全面建成小康社会，夺取新时代中国特色社会主义伟大胜利［M］．北京：人民出版社，2017.

② 习近平在庆祝海南建省办经济特区 30 周年大会上的重要讲话［R］. http：//www. gov. cn/xinwen/2018 －04/13/content_5282295. html.

③ 习近平在首届中国国际进口博览会开幕式上的主旨演讲［R］. http：//www. gov. cn/xinwen/2018 －11/05/content_5337572. html.

二届中国国际进口博览会，做好对美经贸工作，加快自由贸易试验区和自由贸易港建设工作，持续推进商务改革发展“八项行动计划”，加快经贸强国建设。

目前，内地城市还没有自由贸易港。2017 年 3 月，国务院发布的《全面深化中国（上海）自由贸易试验区改革开放方案》提出，在上海洋山保税港区和上海浦东机场综合保税区设立海关特殊监管的自由贸易港区，这就为上海今后建设自由贸易港提供了机会。

三、我国建设自由贸易港的背景

（一）我国建设自由贸易港的国内外环境

目前，全球的自由贸易港正逐步向先进化、综合化方向发展，自由贸易港已不再局限于贸易，也在不断引进旅游、服务、科技等各项产业。一方面，一些国家和地区建立了以自由贸易港为基础的科技特区，开发尖端技术和技术密集型产品；另一方面，2008 年世界金融危机后许多跨国公司的生产布局也发生了变化，生产中心逐渐由国内市场向东道国市场转移，导致全球价值链结构的重组。自由贸易港将成为全新价值链的重要载体。

作为亚洲最大的经济体，中国一直在实施对外开放战略，作为发展中大国积极参与国际治理，工业化水平也从简单的零部件加工发展到复杂制造。同时促进了世界投资和贸易的增长。中国的进一步诉求是继续扩大对外开放，推动全球投资贸易自由化，建立更加开放的全球贸易体系。

（二）中国自由贸易港建设面临的挑战

1. 金融危机对世界经济的后续影响

2008 年国际金融危机是第二次世界大战结束以来最大的一次金融危机，对世界经济的复杂影响至今尚未完全消除。据世界贸易组织统计，目前全球经济增长速度仍然缓慢，不到金融危机爆发前水平的一半，新冠疫情也使得全球经济发展举步维艰。

虽然以我国为代表的一些新兴经济体的经济发展状况好于欧美国家，但是在本质上没有改变其作为世界经济体系中发展中国家的经济地位。高端技术产业链和全球价值链仍主要掌握在世界发达经济体手中。世界发达经济体增长速度下降和产业投资普遍收缩，特别是数字经济中智能制造模式的出现，导致全球价值链进程的缩短和集中，这都将有助于未来全球经济和贸易的增长。中国自由贸易港的建设必将受到全球宏观环境的影响。

2. 国际政治经济环境的变化

一是英国公投脱离欧洲，开启了历史上欧洲一体化的“内部解构”；二是 2017 年后美国提出“美国优先”原则，强调和突出保护美国利益，引发反全球化政治思潮。美国不仅调整了对外贸易政策，还修改了相关税法，大幅降低了美国企业将海外收益转入美国所需的税率，这可能会导致全球资本回归美国，并削弱香港等传统全球自由贸易港的低税收政策优势。

3. 我国营商环境不够完善

世界银行的营商环境指数体系要求自由贸易港在投资者保护、知识产权保护、税收环境、合同执行、跨国贸易等方面提供最好的服务。根据世界银行发布的《2020 年全球营商环境报告》①，中国 2019 年度全球营商便利度排名第 31 位，远远落后于总体排名第一的经合组织国家。中国的制度性交易成本增加了企业总运营成本，不利于创造更好的经营环境，也不利于鼓励创新、培育竞争力。因此，要进一步解放思想、深化改革，为自贸区升级、为自由贸易港创造良好的营商环境。

4. 我国自贸区建设水平与自贸港的标准尚有差距

自由贸易港是货物的集散地。我国计划在自贸区的基础上探索建设自

---

① https：//www. worldbank. org/en/news/press - release/2019/10/24/doing - business - 2020 - chinas - strong - reform - agenda - places - it - in - the - top - 10 - improver - list - for - the - second - consecutive - year.

由贸易港，这就要求自贸区的基础设施更加完善，实现贸易的自由化和便利化。但我国自贸试验区的审批和建设时间普遍较短，部分自贸试验区的基础设施仍处于建设初期，距离建成基础设施完善、保障完善、交通便利的高标准开放区还有很长的路要走，这在一定程度上制约了自贸区向自贸港的发展。

对自由贸易港而言，拥有一个完整的国际化服务体系支撑尤为重要，而我国在自贸区的公共管理服务方面投入不足，自贸区公共服务质量和科学管理水平有待提升，还要更好地发挥国际物流、国际投融资、区内仓储等产业的全球化功能。我国目前一些自贸区的金融业、物流业滞后的发展程度，还不足以完全满足自贸港建设的需要。

5. 我国缺乏为自由贸易港建设服务的国际人才

自由贸易港是世界高素质高科技人才的聚集地，高素质人才是自由贸易港建设的必要条件，有利于港口经济的发展和当地就业水平的提升。我国自由贸易港建设的国际人才供给明显不足，拥有良好教育背景、较高外语水平、熟悉外贸流程、深谙国际与国内贸易业务的高端复合型人才非常缺乏，不能完全满足自由贸易港建设对人才的需求。

四、自由贸易港是自贸试验区发展的必然选择

（一）自由贸易港与自由贸易试验区的差异

1. 概念不同

（1）自贸区，指一个国家或地区的“海关内外”可以开展仓储、贸易、加工等业务的单独的隔离区域。在关税、配额等方面有优惠规定，货物的储存期一般是无限的。自由贸易试验区仅限于贸易、加工和其他商业性生产活动，无居民居住，也不允许零售及消费者服务活动。

（2）自由贸易港，是指设在国家与地区境内、海关管理关卡之外的，

允许境外货物、资金自由进出的港口区。对进出港区的全部或大部分货物免征关税，并且准许在自由港内，开展货物自由储存、展览、拆散、改装、重新包装、整理、加工和制造等业务活动。

2. 空间差异

（1）一般来说，自由贸易港应当设在外贸货物吞吐量大、国际航线多、国家和地区联系多、腹地外向型经济发达的港口（有时是机场）。自由港大多位于沿海港口或内陆地区，但它们必须首先是港口或港口的一部分。

（2）自由贸易试验区也可以设在内陆或者远离港口，即以城市为界的区域。

3. 功能不同

（1）自由贸易港的作用是：外国货物除免征关税外，还可以在港内自由改装、加工、运输、服务、储存或者长期销售。除贸易自由外，还包括投资自由、就业自由、经营自由、经营者出入境自由等。

（2）自由贸易试验区除具备自由港的大部分特点外，还可以吸引外资建厂，发展出口加工企业，允许和鼓励外资兴办大型商业企业和金融机构，促进开发区经济全面、综合发展。

建设自由贸易港，就是在现有自由贸易试验区和自由贸易区的基础上，对标国际最高水平，建立高标准的开放区，成为全球贸易枢纽。因此，自由贸易港往往被视为自由贸易试验区的“升级版”。

（二）自贸试验区为何要升级为自由贸易港

目前，我国自贸试验区取得了很好的成果。既然如此，为何要从自贸试验区“升级”到自由贸易港呢？

1. 自贸区向自贸区升级是自贸区高度开放的战略需要

自贸区只是“全面开放新格局”的起步阶段。围绕“更高层次开放型经济”战略要求，需要对标最自由、最高开放的自由贸易港。具体而言，主要有以下两点。

（1）自贸区实际赋权有限，更高层次开放难以实现。贸易自由化（关税减免）和投资自由化（负面清单）均为国家事权，自贸区无权决定，只能对贸易便利化（单一窗口）和投资便利化（实体设立）进行创新，但在当前国内外背景下，“便利化”创新作用有限，自贸区只针对外资准入“便利化”进行创新，无权实质性拓展资本盈利空间。

（2）自贸区免税不免管，而自由贸易港免税免管。自贸区仍实行通关监管：虽然“一线放开、区内自由”，但货物到港后，仍须向海关申报；虽然有了“单一窗口”，但企业仍须办理通关手续。而自由贸易港坚守“负面清单+非违规不干预”原则，确保最开放、最自由的进出环境，有利于聚集全球要素资源，促进离岸贸易、离岸金融及离岸过境的快速发展。

2. 自贸试验区升级到自由贸易港是解决经济发展瓶颈的需要

目前，中国国家经济特区包括经济特区、国家级新区、自由贸易试验区、国家综合改革试验区、国家金融综合改革试验区、国家级经济技术开发区和国家级高新技术产业开发区。各类经济特区发展遇到瓶颈。随着改革的探索，政策红利逐渐弱化，制度创新的边际效应逐渐减弱。

同时，深化自贸试验区改革也存在问题：自贸试验区改革步伐不够大；扩大服务业对外开放力度不够；金融对外开放深度不足；一些服务业存在“开门小关门”现象，特别是在医疗、教育、建筑设计等领域，面临着各种各样的障碍，制约着高端因素的聚集。

3. 自由贸易试验区升级为自由贸易港，是全面开放的需要

（1）建设有中国特色的自由贸易港，可以适应对外开放新体制的需要。中国的自由贸易港不仅是建立在港口贸易便利化自由化的基础上，更是建立在围绕投资、金融、法治等一系列制度创新和新要素便利流动的基础上。

（2）探索建设中国特色自由贸易港，打造开放程度更高、营商环境更好、辐射效应更强的开放高地，对于推动开放型经济创新发展具有重要

意义。通过自由贸易港建设，吸引世界各地的科技资源、人才和资金。在一些新兴产业中，形成了集聚效应，通过高端人才，推动我国相对落后的服务业加快发展步伐，更好地服务实体经济。

（三）自由贸易港是全球开放水平最高的经济功能区

自由贸易港作为世界上对外开放水平最高的特殊经济功能区，对外开放水平高主要体现在以下几个方面。

（1）从自由贸易港的建设目标看，借鉴新加坡、迪拜等典型国际自由港的实际做法，在贸易便利化领域形成了“一线放开、二线管住、区内自由”的管制模式。实现“一线自由化”，即自由贸易口岸与境外国家之间的一线货物出入境自由。

（2）从自由贸易港的功能定位来看，要争创典型国际自由港，提升国际贸易水平，建设国际航运中心和全球物流枢纽，推动国际贸易转型升级，建设国际贸易强国。

在高效贸易便利化的前提下，探索实施与国际接轨的金融、外汇、投资和税收制度，鼓励港区企业开展研发设计、加工制造，检维修、展览贸易、总部经济、采购调拨、融资租赁、航运服务，推进自由贸易口岸建设。形成保税、贸易、加工、转口贸易、金融服务等功能融合的产业集群，促进自由贸易港功能全面发展，实现港口功能向转口贸易发展，离岸贸易和各种服务功能，推动自由贸易港成为国际航运中心和全球物流枢纽。

（3）从管理体制和监管体制来看，自由贸易港实行集约化管理体制和高效的风险监管体制。实施“二线”监管，必然要求创新自由贸易口岸管理体制，建设协调高效的独立管理机构。

在海关、国家检查、税务、外汇、港口、工商、土地、安全、环保等部门的监督指导下，实行统一管理。行政部门实施“二线”监管也必然要求创新自由贸易港监管模式，构建高效的监管和风险防控体系。加强区域内智能监控、自动识别、大数据分析、视频监控、物联网等设备设施建设。利用互联网和大数据推动监管创新，构建保税港区综合监管信息平台，建立高效、透明、简化、协调的监管体系。

第三节　我国建设自由贸易港的战略定位及意义

建设自由贸易港是中国顺应时代潮流的重要举措。探索建设中国特色自由贸易港，是中央推动形成全面开放新格局的重要战略部署。自由贸易港肩负着新时期加快转变政府职能、探索管理模式创新、促进投资贸易自由化便利化的重要使命，为全面深化改革开放探索新途径，积累新经验。

一、我国建设自由贸易港的战略定位

与新加坡不同，我国拥有庞大的经济体量。自由贸易港的建设要考虑到其与内陆的联系和区隔问题，不能完全照搬新加坡的经验，需要结合我国自身的特点进行探索。

（一）我国自由贸易港建设定位分析

全球自由贸易港总体经历了中转型、加工增值型、综合服务型三个阶段。综合服务业以航运、中转、加工贸易和（高科技）工业制造业等功能为基础，兼有研发承载功能等贸易综合服务功能，已成为当前全球自由贸易港的主流发展范式。

自由贸易港的传统功能设计趋向于以“港口为核心”的“港口经济”模式，但没有产业集群带动，没有持久的生命力和全球核心竞争力，无论如何实施贸易便利化措施，都无法持续扩大贸易量。“港口经济”以“区域城市产业集群”为中心，不仅发挥了“港口经济”的作用，而且最大

限度地发挥了产业集群对自由贸易港所在区域的辐射带动作用，使自由贸易港作为全球价值链的引导者和领导者，参与全球竞争。

中国启动自由贸易港建设是在推进“一带一路”建设的背景下，构筑国际合作新平台，主动引领新型全球化。目前，中国经济总量居世界第二，贸易规模居世界第一。“一带一路”建设和国际合作平台的建立，为中国引领全球化开辟了足够的空间。此外，经过近40年的经济发展，产业基础和产能积累使中国成为世界三大价值链中心之一。

基于中国今天的国际地位考虑，兼顾实现中国长远发展的战略要求，中国自由贸易港建设的核心定位应当是，以“一带一路”沿线国家为出发点，以“港区经济”为建设核心，充分发挥中国核心价值链的地位与作用，利用自由贸易港的贸易中转便利性，使其服务于“一带一路”倡议的实施及其产生的效益，成为中国拓展国际合作新空间的制度工具和联结“一带一路”与世界主要生产网络的核心节点。

（二）我国自由贸易港建设的基本条件

目前，世界上有超过600个自由贸易港，主要分布在欧美国家、日本、韩国、新加坡和中国。部分港口，如香港、新加坡和迪拜，已经发展成为交通枢纽、货物配送中心和商品贸易中心，它们支配着国际贸易。从这些自由贸易港的建设经验来看，建立自由贸易港至少应具备以下条件。

1. 地理位置优越，交通便利

港口货物吞吐量取决于其地理位置和运输设施。地理位置优势是成为交通枢纽的自然条件。良好的交通条件体现在三个方面：海、陆、空。海运以其运量大、成本低的优势，已成为国际物流最重要的运输方式。因此，上海、海南等沿海地区在建设自由贸易港方面更具有优势。

2. 促进转口贸易等业务的发展

先进的运输装卸设备、高水平的管理能力和运输能力、不断优化的港口环境是建设自由贸易港的必要条件。此外，开展转口贸易、货物仓储、品级选择、改装等业务的便利条件，可以吸引更多的客户开展转口贸易。

3. 强大的商品分销能力

商品配送能力是其货代、物流、仓储、保险、银行等业务的可达性。连接国际国内市场，吸引跨国物流企业进入，只有经济发达、商业繁荣、交通便利的沿海港口才能实现，例如中东著名的商业城市迪拜。

4. 有效的政府监管和强有力的政策支持

目前，世界上所有成功的自由贸易港都是在政府的支持下发展起来的。建设自由贸易港，关键是政府部门能够提供优质高效的公共服务，确保市场有序运行。

（三）我国自由贸易港建设的主要抓手

因此，在借鉴成功的自由贸易港发展经验的基础上，根据我国自身国情和自由贸易港建设的特殊定位，自由贸易港的建设应从以下几个方面入手。

1. 自由贸易港建设地点的选择

我国自贸港建设地点的选择，毫无疑问应是在现有自贸试验区中，优先选择地理位置优越且吞吐量大的港口，例如集装箱吞吐量在全球排名进入前五位的上海、深圳、宁波、舟山。目前，我国层级最高的经济区当属保税区与自由贸易区，它们大多是从港口发展而来，具备港口的吞吐能力、仓储条件和管理水平。以现有的设施为基础，循序渐进转型为自由贸易港，既可以加快自由贸易港的建设，又可以有效节约资源。

2. 积极开展相关立法和制度建设

（1）遵循“先立法，后港口”的国际模式。国际上先进的自由贸易港口通常采取先立法后建港的模式。但是，国务院发布的 21 个自由贸易试验区建设总体规划和我国自由贸易试验区所在地地方政府颁布的地方性法规，法律效力层级较低，立法的权威性弱，存在执行难度大的问题。因此，加快完善相关法律制度，确保自由贸易试验区向自由贸易港顺利转型迫在眉睫。

建议遵循国际惯例，先做好顶层设计，从中央层面出台符合国际标准且切合我国实际情况的自由贸易港法律法规。首先统筹自由贸易港建设的总体纲领，然后再制定具体、精细、透明的法律规章和配套制度，做到有法可依。授权自由贸易港所在地立法机构制定符合自身功能定位和发展目标的地方性法规，为具体的改革创新扫清制度障碍。同时完善贸易投资促进制度、税收制度、金融监管制度、海关监管制度以及人员自由流动的出入境管理制度等相关配套制度，营造有利于引智、创新、发展的营商环境。

（2）建立中央与地方“两级”管理体制模式。在中央一级，设立自贸港（含自贸区）国家管委会等专门机构，负责宏观管理和协调。在地方一级，自由贸易港应设立单独的行政委员会，作为国家管理委员会的直接派出机构。这不仅有利于实现中央对自由贸易港的直接监管，也有利于厘清自由贸易港管理部门与地方政府的职权分工，确保其具有独立的行政法律地位和相应的立法、行政执法权，使自由贸易港建设不受地方政府部门和相关职能机构的干预和限制，充分释放自由贸易港口管理体制创新空间。

（3）实施更多税收优惠政策。建设自由贸易港，需要制定一套统一、完善的优惠政策，充分吸引外商和外国投资者。目前，我国企业所得税的名义税率为25%，高于新加坡等，因此企业实际税率仍有调整空间。在“一带一路”倡议下，中国与“一带一路”沿线国家的贸易增长，不仅解决了中国供给侧改革带来的产能过剩问题，也为外商进入中国提供了便利途径。要保证自由贸易港政策的实施，首先要保证自由贸易港的政策条件优于周边港口。同时，现阶段的自由贸易港是集工业、贸易、金融、旅游等多方面为一体的第三代自由贸易港。因此，中国的自由贸易港政策应包括：建立优惠稳定的税收政策；建立长期稳定透明的经济政策；建立灵活多变的政策；有保障的金融政策；在法律范围内尊重国际人士的生活习惯与文化。

3. 提高政府公共服务质量

在自由贸易港建设过程中，海关、物流、检验检疫、边检海事、规划建设等有关部门要以服务和促进自由贸易港建设水平的提高为出发点，加快整合力度，打造高效、便捷、科学的港口。服务型部门要以监督、安全监管、资源共享、有序步伐，不断优化服务环境，实现高效准确的政府服务。

要以业务平台为基础，在港口运输物流平台建设、国际物流服务平台建设、航运服务贸易平台建设、大宗商品交易服务平台建设、江海陆路联运网络平台建设、港口海关一体化平台建设等方面加快部门职能整合。各部门的协调整合还需要适应港区功能不断拓展的需要，在保税加工、保税仓储、货物中转等综合功能拓展过程中实施动态调整，商品展示、离岸金融和商业服务。

4. 把培养适合自由贸易港建设的人才摆在重要位置

（1）放宽自由贸易港入境和签证制度，实现自由贸易港的人才聚集。自由贸易港不同于自由贸易试验区，人员往来的高度自由和便利应成为自由贸易港的一大特色。为此，应从入境签证制度改革入手，丰富一般自然人签证种类，将签证有效期延长至 10 年。利用“国内外海关”的特殊优势，为特殊群体申请落地签证和多次入境。借鉴香港经验，通过积分制为高学历、高技能和高级管理人员提供特殊的入境便利和签证政策，吸引更多国际人才。为海外游客、展商、患者、医生、国际学校师生、随行家政服务人员、创新创业团队、科学家和专业人士提供入境便利。

（2）为自由贸易港内工作的外籍人才提供更多优惠措施和流动便利。对长期在自由贸易港工作的劳动者，应简化电子出入境手续，提高通关效率，降低入境手续成本；支持持常住证的外国高层次人才创办科技企业，平等对待中国公民；大学硕士及以上学历的优秀留学生可以在自由贸易港就业、创业；允许各类高层次人才、知名高校和留学归国毕业生自由落户。

（3）放宽劳动力资格条件，实现高素质人才在自由贸易港聚集。开展国际人才管理改革试点，研究制定外国人才、港澳台地区技术技能人才和自由贸易港外国留学生就业、创业、居留的有关规定；探索建立吸引外国高科技人才的管理体制；在劳动和就业方面放宽对自然人流动的教育和年龄限制；探索自由贸易港专业资格国际互认，鼓励服务业合格外籍专业人才到贸易试验区工作，放宽对高层次、急需外籍专业人才的就业限制；最大限度地取消地方和国家的就业限制，或实行外籍工人就业比例配额制度；对符合特定学历和技术水平的外国人，在生活和科研工作中给予更慷慨的引进待遇。

二、我国建设自由贸易港的战略意义

（一）自由贸易港有助于提升中国对外开放水平

目前，我国对外开放水平还不能完全适应世界经济速度转变后的新轨道。但是，我国的对外开放的深度还不够，利用外资规模仍有进一步扩大的空间，产业结构失衡，制度话语权不足，边缘化危机依然存在。所以，要探索自由贸易港建设，通过制度创新，促进国际资源要素向我国流动，扩大我国利用外资规模，提高利用外资质量，为中国深入参与制定国际经贸新规则，增强国际竞争力提供有力支持。其中，自由贸易港是优化经济结构、对接国际贸易新规则、顺应全球经济治理新格局、弥补我国对外开放不足的重要抓手。

（二）自由贸易港有助于巩固深度开放支点

在“新常态”经济下，中国原有的低成本竞争优势不断丧失，进入要素价格集中上涨时期，世界贸易组织在世界贸易领域的主导地位受到严重冲击，而其带来的开放红利也所剩无几。因此，培育开放发展新优势，是现阶段我国经济发展的紧迫任务。自由贸易港建设对于扩大我国对外开放的广度、深度和力度，实现我国从贸易大国向贸易强国和工业强国的转变，具有十分重要的枢纽作用。

（三）自由贸易港有助于巩固开放平台

由于缺乏制定和表述国际贸易规则的权利，发展中国家在与发达国家的国际贸易中处于不利地位，利益往往受到损害。2013 年，习近平主席提出了“一带一路”合作倡议，目的在于打造国际合作实现共赢发展的平台，开放创新的平台。自由贸易港可以为多边合作倡议的开放平台提供重要的基础支撑，有利于推动世界经济更加开放、包容、平衡、共赢发展。

（四）抑制“反全球化”的波动

中国的经济成就得益于开放的经济模式，贸易便利化、外商投资、吸引外资和产能合作一直是推动中国经济增长的重要因素。随着贸易保护主义的升级，全球多边机制的弱化，各种区域贸易和投资协定的分裂，移民政策，美国和欧洲的投资政策和监管政策正朝着非全球化的方向发展，“反全球化”的趋势正在显现。建设自由贸易港，既是我国自身发展的需要，也是平息经济波动、促进世界经济开放发展和强劲复苏的需要。

（五）参与全球治理以提供准公共产品的需要

经过 40 多年的改革开放，中国融入世界的程度越来越深。在确立对外开放新格局的同时，也向世界介绍了具有公共物品性质的制度设计。随着中国经济实力的快速提升并与世界经济的不断融合，中国应以更加积极开放的姿态参与全球治理规则的重塑，以良好的制度设计推动新一轮经济开放，通过全球化配置高质量的能力，提供可复制的商业模式设计。有关国际协调和动员工作将继续与世界各国一道为经济开放和发展创造红利。

因此，建议探索和建设自由贸易港，有助于我国首先检验国际贸易和经济的新规则与新标准，积累新形势下参与双边、多边和区域合作的经验。为与美国等发达国家开展规则谈判提供参考，从而为我国参与新国际经贸规则的制定提供有力支撑。

（六）创造新时期中国经济新增长点的需要

如今，全球贸易越来越集中于争夺价值链核心环节。世界各国都在寻求新的经济发展方式和外贸发展模式，不断提高贸易分工的效益。我国是世界上最大的发展中国家，我国新时期的主要社会矛盾已经转化为人民日益增长的美好生活需要与不平衡不充分发展之间的矛盾。为解决当前的主要社会矛盾，需要进一步运用开放的手段促进发展，形成新的经济增长点，解决利用外资增速放缓和进出口增速放缓问题。

自由贸易港通常被视为开放程度较高的自由贸易试验区。自由贸易港的建设有利于促进我国物流、商务、信息、资金、人才等在更高层次上自由高效流动，更有利于充分利用外资、技术和经验加速提升发展质量，有利于原料采购、生产、加工、销售等产业链建设，有利于推动我国产业向全球价值链中高端迈进，也有利于进一步增强国内品牌“走出去”的竞争力，同时引进国际品牌，迫使国内企业转型升级，逐步成为全球对外开放和贸易的枢纽。自由贸易港和自由贸易试验区已成为国内经济增长的“领头羊”。

三、我国自由贸易港的特色

（一）坚持党对自由贸易港建设的统一领导

改革开放 40 多年来，国内经济发展领域的成就始终与世界市场相互联系、相互作用。中国始终坚持对外开放的基本方针，积极融入经济全球化的发展进程。在单边主义和贸易保护主义抬头的背景下，建设中国特色自由贸易港，向世界展示了中国共产党人坚定推进改革开放的决心。

当前，我国主要社会矛盾发生了根本性变化，不平衡不足问题突出。相应地，经济发展正处于转变发展方式、优化经济结构、转变增长动力的关键时期，迫切需要建立现代经济体制，解决改革发展中的顽疾。

针对新时期改革开放的现实，以习近平同志为核心的党中央提出了建设社会主义现代化强国的战略目标，明确了时间表和路线图。确保战略目标的实现，需要建立健全中国特色社会主义市场经济体制，更好地探索新机制，在市场配置资源中发挥决定性作用。自由贸易口岸的开放程度，标志着国家发展和对外开放的水平。建设自由贸易港有利于中国更积极地参与和推动经济全球化进程，促进高质量的经济发展和结构优化升级，积累经验，夯实基础，完善中国特色社会主义市场经济体制。

在全面建设小康社会的决定性阶段，要探索建设自由贸易港，发出中国对外开放政策不变的信号。而且，该项工作将在中国共产党的集中统一领导下逐步推进，这是全面建设小康社会的必由之路。

（二）适应特定地区发展需要，与国内市场形成辐射联动

自 1547 年意大利北部热那亚湾第一个自由贸易港雷格亨港建成以来，全球 119 个国家和地区累计已有 3 000 多个自由贸易港（区），按功能不同可分为三类：贸易、工贸、综合。根据不同地区的特点，可以建设不同类型的自由贸易港，需要因地制宜，不能“一刀切”。在中国特色自由贸易港的发展过程中，一个重要特点是不局限于特定区域自身的发展，而是辐射周边区域，进而带动整个国内市场的发展和创新，逐步实现全体人民的共同富裕。实现共同富裕是社会主义的本质内容，是社会主义制度优越性的重要体现。

荷兰鹿特丹港、迪拜杰贝尔阿里港等是最典型的自由贸易港。在这一特定地区，货物、资金、人员自由进出，大部分货物免征关税，实行“国

内外海关”管理模式，但这并不意味着我们应该人为地切断自由贸易港与其他地区的经济联系；相反，作为一个新的开放高地，自由贸易港可以为周边地区提供更多的管理经验，提供借鉴、发挥和引领作用，进一步提升我国贸易投资自由化便利化程度。

（三）体现“离岸”特点的制度创新功能进一步增强

2013 年以来，以上海自由贸易试验区为龙头的 21 个自由贸易试验区建设取得阶段性成果。外商投资管理体制改革、金融开放创新和政府职能转变取得重大进展，实行准入前国民待遇加负面清单制度，外商投资企业的设立由审计制度向备案制度转变，改革等一系列制度创新措施，形成了多学科综合改革的趋势。通过试点，自贸区纳入了新的国际经济规则，初步建立了符合国际标准的体系框架。

与自贸试验区相比，自由贸易港不是简单的延伸，二者的核心区别在于发展离岸业务。因此，自由贸易区在开放领域、层次和程度上都处于较高水平，货物、资金、信息和人才的准入更加自由。对标新加坡、鹿特丹、迪拜等世界级自由贸易港口，中国在市场监管体制、商业环境和法律保护方面都相对薄弱。

加快建设中国特色自由贸易港，不是直接照搬对外自由贸易港的发展建设模式，但要在现有自由贸易试验区探索经验的基础上，将国内政策与国际惯例相结合，在产业功能定位、市场风险防范、国际服务等方面进行一系列特色制度安排，特别是政策和制度创新，突出先行先试和制度创新的功能。

（四）自由贸易港建设与“一带一路”倡议紧密结合

纵观世界自由贸易港的发展历程，从最初的转口贸易、出口加工到金融服务，自由贸易港的功能不断拓展，这与市场经济开放的发展趋势高度契合。“一带一路”涵盖了亚洲和欧洲的很多国家，通过技术和产品出口，促进区域合作和国际经济交流，形成有效的贸易关系，这也将为自由贸易港提供发展机遇。在发展有中国特色的自由贸易港的过程中，“一带一路”沿线国家可以加强与世界各国的合作，建立全球自由贸易网络，同时全面提高对外开放水平，为世界经济发展贡献中国智慧和力量。

自由贸易港的建设也会给“一带一路”发展带来辐射效应。对于中国而言，“一带一路”倡议是“走出去”，实现国内产业发展和竞争力的有效提升。自由贸易港不仅具有高度的自由贸易能力，而且具有高度包容性的制度安排，可以作为连接世界的“经济纽带”，最大限度地提高区域边界乃至国家边界对资源的优化配置效率，形成共享的经济模式，促进“一带一路”建设向更深、更坚实的层面推进。因此，从战略的角度看，自由贸易港与“一带一路”相辅相成，共同促进中国经济的可持续发展。

第四章　自由贸易港的发展演变

第一节　全球自由贸易港发展概况

自由贸易港的诞生是商品经济全球化与主权关税制度共同演进的产物。自由贸易港对进出口国家和地区边界内以及海关检查站以外的港区的全部或大部分货物免征关税。自由港允许免费储存、展览、旅游、服务、拆卸、改装、重新包装、整理、加工和制造货物，允许外国货物、资金和人员自由进出港区，是世界上最开放的特殊经济功能区。

一、自由贸易港的诞生

1. 港口的基本概念

（1）港口的定义。港口地处海、江、河、湖、水库沿岸，具备水路运输设备和船舶安全出入境条件和靠泊运输枢纽、水陆运输枢纽，工农业产品和外贸进出口物资集散中心，船舶靠泊、装卸货物、上下客、补充供给、燃料等。

（2）海港的概念。海港是沿海港口的总称，一般位于海岸、海湾或潟湖内，也建在海岸外的深水表面，利用岛屿、岬角或防波堤等自然屏障和其他人工构筑物来防风防浪。港口水面宽阔、航道较深，岸边有各种相应的设施。位于开阔海岸或自然覆盖不足海湾的港口通常需要建造大型防波堤，如我国的大连港、青岛港、连云港港以及意大利热那亚港等；大型油轮或矿轮的单点或多点系泊码头和岛屿码头是开放的海港，如利比亚的布拉加港和黎巴嫩的西顿港；也有完全受自然保护的大海港，如日本东京港、中国香港港和澳大利亚悉尼港等。在中国，沿海港口建设的重点是煤炭、集装箱、进口铁矿石、粮食、陆岛滚装船、深水航道等运输体系，特别是集装箱运输体系建设。

2. 港口的主要功能

港口在一个国家的经济发展中一直扮演着重要的角色。交通网络将世界连接在一起，港口则是交通运输的重要组成部分。世界发达国家一般都有海岸线和功能较好的港口。港口主要具备以下功能。

（1）物流服务功能。港口首先要为船舶、汽车、火车、飞机、货物和集装箱提供中转、装卸、仓储等综合物流服务，特别是完善多式联运和流通加工的物流服务。

（2）信息服务功能。现代港口不仅要为用户提供市场决策信息和咨询服务，还要建设电子数据交换（Electronic Data Interchange，EDI）系统增值服务网络，为客户提供订单管理、供应链控制等物流服务。

（3）业务功能。港口是商品交换和国内外贸易存在的前提。现代港口应为用户提供便利的运输、贸易和金融服务，如代理、保险、融资、货运代理、货运代理、清关等服务。

（4）产业功能。现代物流的建立需要一个具有整合生产力功能的平台。港口作为国内市场与国际市场的连接点，实现了货物、资金、技术、人才、信息从传统向现代转型。

3. 港口的重要性

（1）港口通过一定的经济效益框架管理货物和船舶，是嵌入全球价值链体系的重要经济环节，通过创造增值运输的竞争优势，对供应链产生积极的影响。港口系统是全球运输系统的重要组成部分，是一般生产、贸易和物流系统的重要子系统，主要从事货物装卸、运输物流、加工和生产等经济活动。

（2）港口在贸易、物流、供应链一体化中发挥着重要作用。货物、船舶的经营，带动了运输、装卸、转运等一系列经济活动。货物装卸、运输、物流和特定的生产贸易活动构成“港口集群活动”。港口是国内外价值链体系的重要组成部分。跨国公司越来越意识到，通过供应链管理和物流系统管理来优化其全球业务和物流系统，是提高或保持全球竞争优势的最关键因素。

4. 自由贸易港

鉴于港口的重要地位，近代以来，许多西方国家和地区纷纷建立自由贸易港，以促进国际贸易和国内经济发展。“自由贸易港”一词来自古希腊。现代意义上的自由贸易港作为一种国际经济枢纽，是关税制度普遍实施的产物。

二、全球自由贸易港的发展

自由贸易港出现后，在世界范围内得到了广泛的发展。自由贸易港的发展历史表明，它的形式是不断变化的，其功能和形式也是随着国内外环境的变化而调整的。

1. 自由贸易港的雏形

欧洲是自由贸易港的发源地。自由贸易港的诞生可以追溯到两千年前的古希腊时期。为了吸引顾客和扩大贸易往来，当时擅长航海和经商的腓尼基人在腓尼基南部开辟了泰尔和北非殖民地迦太基两个港口作为特区，以确保外国商船的安全通行。这是自由贸易港最早的雏形。

1228 年，法国南部马赛港将港区划为自由贸易的特殊功能区，这样外国货物就可以免税进出港。13 世纪末，以汉堡为核心，德国北部和北欧的几个自由港城市联合建立了自由贸易联盟，历史上称为汉萨联盟，其中汉堡和不来梅被选为自由港。这是对自由贸易港的进一步尝试。

与此同时，德国的曼斯塔德、卢卑克、意大利的威尼斯、热那亚、那不勒斯等城市也实施了自由贸易政策，成为自由市场。当时，欧洲的这些自由市场是自由港和自由贸易区的先驱。在 14 世纪，自由贸易的成员扩大到 70 多个城镇，成员之间享受贸易优惠，实行关税减免等优惠待遇，促进了贸易往来。

2. 全球自由贸易港的发展历程

纵观全球自由港的发展历程，大致可分为以下三个阶段。

（1）从 1547 年到第二次世界大战前。1547 年，热那亚共和国正式将热那亚湾的勒霍恩港定为自由贸易港，并在那里修建码头和仓库，给予商人进出口免税政策，并吸引商人将其用作货物集散地。这是世界上第一个被正式命名为“自由港”的经济特区，被普遍认为是经济区的奠基人。

16 世纪至 17 世纪，欧洲一些主要的贸易和航海大国宣布一些主要港口和城市为自由港或在一些地区设立自由贸易区，例如意大利的里雅斯特、那不勒斯和威尼斯、法国的敦刻尔克和勒法尔、葡萄牙的波尔图等。19 世纪，德国的汉堡和不来梅、丹麦的哥本哈根、南斯拉夫的飞伊美和希腊的萨洛尼卡也建立了自由港。哥德堡在 19 世纪迅速发展，成为斯堪的纳维亚半岛最大的港口和欧洲造船中心。1922 年，哥德堡建立了自由港。开放自由港或自由贸易区的目的是为了降低进出口关税，吸引外国商船，扩大转口贸易，发挥商品集散地的作用，借助这些城市优越的地理位置和发展国际贸易的有利条件，促进当地经济的发展。

18 世纪至 19 世纪，随着海运业的进一步发展和国际贸易的迅速扩大，西方殖民者为了输出自己的资本，攫取更多的利润，将自己占领的重要港口列为自由港和自由贸易区。1704 年英国占领直布罗陀后，西班牙立即宣布直布罗陀为自由港。这是自由港从欧洲扩展到世界的开始。后来，在马来西亚的槟城、新加坡、也门的亚丁、中国的香港和澳门、摩洛哥和西班牙的梅利利亚都被定为自由港。据不完全统计，现阶段世界上约有 130 个自由港，其中大部分是 18 世纪至 19 世纪建立的。

在世界自由贸易的演进中，欧洲自由贸易港（如德国汉堡和比利时安特卫普）发挥了重要的主导作用。与欧洲相反，自由贸易港和自由贸易区在美洲出现得相对较晚。1923 年，乌拉圭建立的自由贸易区、墨西哥建立的蒂华纳自由贸易区是美洲大陆最早的自由贸易区。

然而，随着美国自由贸易的扩大，北美已成为全球自由贸易区发展最快的地区之一。1936 年，纽约科林建立了第一个自由贸易区，这就是所谓的“外贸区”。1948 年，巴拿马建立了科隆自由贸易区，目前已发展成为西半球最大、世界第二大自由贸易区。

在该阶段，自由港的创建和扩展基本上围绕两条主线展开：一条主线是欧洲国家主动将部分沿海港口转变为自由港，以发展转口贸易，扩大和激活对外贸易；另一条主线是为了加强资本输出和商品输出，欧洲列强掠夺殖民地和半殖民地的自然资源和劳动力资源，将殖民地和半殖民地的一些重要港口变成自由港。例如，位于地中海沿岸的直布罗陀以及在非洲、远东和加勒比地区的部分港口被西方列强占领，成为自由港，如丹吉尔港、赫达港、贝鲁特港、亚丁港等。在亚洲，1819 年新加坡被英国占领后被定为自由港。之后，槟城岛、马六甲、香港和澳门被定为自由港。

现阶段，自由贸易的功能或内容比较单一，主要是利用港口优越的地理位置和港口条件从事过境贸易，港口只是对外贸易的中转站。因此，第二次世界大战前的港口城市可以称为自由贸易 1.0 阶段。

（2）从第二次世界大战结束到 20 世纪 70 年代末。第二次世界大战后，许多国家和地区为了吸引外资、引进先进技术、依靠廉价劳动力，在沿海地区设立出口加工区。这类园区不仅具有过境贸易，而且具有加工、制造等其他功能。逐渐地由转口贸易扩展到加工贸易和“国内非现场”

政策实施的出口加工区，并给予园区企业优惠关税优惠。20 世纪八九十年代，我国沿海有许多出口加工区。这段时期被认为是自由港 2.0 阶段。

在该阶段，自由港的数量增长缓慢。据统计，世界上只有大约 10 个自由港。自由港的发展主要集中在扩大功能上，即从第二次世界大战前单纯的转口贸易，发展为贸易和出口加工业的直接经营，甚至发展为转口、工业、金融、建筑、旅游、贸易等综合性自由港。

自由港数量和综合功能增长缓慢的主要原因是第二次世界大战后，特别是 20 世纪 60 年代以后，出口加工区形式的经济特区出现影响的结果。一些独立的发展中国家脱离了原宗主国，迫切需要加强经济发展，谋求经济和政治独立。然而，由于资金不足和国内市场狭窄，发展受到限制。因此，通过利用外资和国外市场建立“外向型产业”或“外向型产业”。

一些发达资本主义国家想利用发展中国家和地区廉价的劳动力与物质资源，同时把一些落后的劳动密集型工业企业转移到欠发达地区。于是，出口加工区应运而生。截至 1980 年底，全球约有 40 个发展中国家和地区建立了 80 多个出口加工区。

出口加工区的区位、优惠政策和功能与自由港基本相似，如果自由港继续单独开展转口贸易，很难适应世界经济环境的变化和自身发展竞争的需要。在这样的国际背景下，世界自由港逐步从传统的单一转口贸易功能发展到转口贸易和出口加工的多功能，甚至综合功能。现阶段，发展中国家建立出口加工区的热潮也影响到自由港数量的扩大。

（3）从 20 世纪 80 年代至今。自由贸易港的概念起源于欧洲，但它在发展中国家和地区找到了真正的市场，充分发挥了其潜力。蓬勃发展的亚洲自由贸易港也是发挥自由贸易港效应最有效的地区之一，东亚和东南亚的增长率最为显著。

20 世纪 80 年代以来，全球自由贸易港进入了一个新的发展阶段。世界在经历了 20 世纪六七十年代出口加工区的黄金时代之后，兴办自由港的意愿又有所回潮，这在亚太地区尤为突出，比如仅在菲律宾已建立和拟议建设的自由港数量众多，如苏比克、三宝颜和福加岛等。

自由港建设再次兴起，这其中有着深刻的国际国内政治、社会、经济和贸易原因。

①适应世界产业结构调整和新一轮海外投资浪潮的需要。20 世纪 80 年代以来，新技术革命刺激了美、日、欧等发达国家的企业进一步追求生产全球化，从而推动全球产业结构调整和海外投资热潮。同时，新兴工业化国家和地区，特别是亚洲“四小龙”，在引进外资的同时，也加入了海外投资行列，以实现产业结构升级。显然，在这种情况下，建立自由港将有利于引进外资、技术和学习东道国或地区的先进管理经验。

②自贸易保护主义抬头后，20 世纪 80 年代的势头并未减弱，非关税壁垒是主要手段；世界经济集团化、区域化趋势加剧，进一步催生贸易保护主义。

③顺应全球开放大潮。20 世纪 80 年代以来，社会主义国家和资本主义国家掀起了一股改革开放的浪潮。相互依存是世界经济关系的新特点，任何国家都不可能脱离世界经济体系而生存和发展。自由港作为自由度最大、通融水平最高的经济特区，为不同经济体制国家和地区的经贸合作与交流提供了条件。

现阶段的自由贸易港主要以自由贸易区的形式存在。相当数量的自由贸易区是在出口加工区的基础上发展起来的，可以称为自由港 3.0 阶段。

随着贸易的发展，港口城市的功能往往是一体化和多样化的。为了刺激贸易，许多城市允许货物的自由（免税）进出口，仅受某些海关条例的约束，而那些进口货物的再出口地区和需要在该地区的设备和原材料的进出口和生产，可以免税，但是范围很小，有很多限制和约束，如海关监管、缴纳所得税和增值税、不允许居民居住等，优惠范围通常仅限于港口及其周边地区。这段时期的自由贸易港是自由贸易园区发展的产物，可以说是自由贸易园区的升级版，在货物、资金和人员的流通方面更加自由，对大多数进出口货物免除关税。允许进口货物在港口装卸、加工、改装、分拣、长期储存、交易等，对供当地居民转口或者消费的进口货物免税。与保税区相比，保税港的范围更大，可以是整个城市。港区居民和游客均可享受免税优惠。区内企业可开立国际银行账户，享有汇率结算自由，所有利润均可自由汇出，是当今全球开放水平最高的特殊经济功能区。

三、亚洲三大自由贸易港的发展

现代自由港拥有长期储存货物的仓库、加工设备和相对完善的国际通信设施。此外，地中海沿岸的直布罗陀、红海的吉布提、拉丁美洲的马瑙斯和马加里塔岛都是具有不同特点和巨大影响力的自由港。

1. 香港——国际最高标准的自由港

1841 年6 月7 日，香港成为自由贸易港。香港自由贸易港的内涵和功能逐步扩大，成为世界上最自由、最开放、最完整的自由港。香港自由港的国际地位得到广泛承认，不仅因为其优越的地理位置，更因为政府的努力，包括实施自由贸易政策和简单的低税率制度，营造营商环境，促进贸易服务全球化。

香港陆地约1 106.66 平方公里，包括香港岛、九龙半岛和新界以及262 个大小岛屿。维多利亚港位于香港岛和九龙半岛之间，是世界著名的深水港。自开放以来，对外贸易一直是香港经济的基础。可以说，香港的历史是对外贸易发展的历史。香港对外贸易的发展经历了单一转口贸易（1841—1951 年）、加工贸易（1952—1987 年）和复合转口贸易（1988 年至今）三个历史阶段。

从最早的转口港开始，以贸易为支点，逐步扶持金融、航运两大板块。作为一个以出口为导向的开放经济体，香港长期奉行自由贸易政策，除了优越的地理位置外，没有贸易壁垒，进出口手续简单。一般来说，除烟酒、香烟、碳氢化合物油和甲醇外的所有商品都可以享受零关税。美国传统基金会连续多年将香港列为世界上最自由的经济体。香港的税收优势简单且低，直接税只有三种，包括利得税、薪俸税和物业税。香港的税收环境是世界上最好的地区之一。

香港还积极参与多边、区域和双边贸易协定，保障和改善香港货物及服务进入外国市场的机会，促进贸易和服务全球化，为企业经营者创造新的商机。例如，香港与东盟签署了包括货物贸易、服务贸易、投资等相关领域的自由贸易协定和投资协定。香港致力于创造一个有利于营商的环境，成立“有利于营商的咨询委员会”，优化本地监管制度，并为业界提供有效的部门及跨部门沟通平台，向政府表达对监管事宜的意见，这方面的工作也得到国际上的广泛认可。近十年来，香港一直位列世界银行商业环境报告的前五名。

事实上，香港自由港的内涵包括四个方面：自由贸易、开放金融市场与资本自由获取、自由企业、自由市场监管。当前，客观形势要求香港再次进行一次经济转型，进入离岸贸易的新阶段。

2. 新加坡港——世界上规模最大的中转港

1969 年，新加坡在裕廊工业区建立了第一个自由贸易区，然后发展成七个自由贸易区，其中一个主要用于空运，其余六个主要用于海运。

新加坡只是东南亚地区的一个小岛。在这种情况下，新加坡政府明智地指定自由贸易区收集生产设施和基础设施，以连接商业生态系统，这使得自贸区具有较高的价值密度，吸引了大量世界级跨国公司和本土企业。例如，樟宜机场附近的自由贸易区拥有高科技的“软基础设施”，包括无线和宽带接入、智能电网、数字应用、金融网络和“硬基础设施”，如道路、跑道和仓库等。自由贸易区基础设施将新加坡、东南亚和世界的所有主要利益相关者联系起来。

此外，新加坡自由港实行公私合作的管理体制，如新加坡裕廊集团和新加坡国际港务集团。行政管理系统效率特别高，企业登记手续简单，通过连接海关、检疫等部门的“一站式”通信系统报关更加方便。公司税率为 17%，除烟酒（含香烟）、石油、机动车外，所有进口货物均免征关税，企业利润无限制、无税汇出。其主要特点是吸引更多的外资，设立经济发展局，利用“总部优惠”等超国民待遇（如免税外，还有减少对饮用水消费等项目的投资补贴等），吸引世界知名企业在新加坡设立总部，侧重引入高精尖制造业。据了解，三分之一的世界 500 强公司选择在新加坡设立亚洲总部，其亚洲科创中心初具规模。

再看新加坡的监管环境。首先，新加坡利用信息建立了有效的国际贸易监测系统，包括贸易网络和贸易联系。通过“无纸一站式”信息网络，全国 5 000 多家贸易机构、银行、交通运输等服务机构联网，海关、税务、检验检疫等 35 个政府部门联网，完成进出口业务。其次，新加坡建立的企业信用管理体系支持专业机构进行企业信用评估。最后，新加坡的全球电子商务服务平台（GeTS）于 2016 年启动，连接各国海关系统，目前正与 20 个国家或地区合作，实现“一次性报关，全球通关”。

新加坡在其国家贸易平台上取得的成功，主要是因为它遵守了数据隐私和安全规则，这给了世界级企业对新加坡的高度信心，也使新加坡的自贸区极具吸引力。

3. 迪拜杰贝尔阿里港——最大的人工港

阿拉伯联合酋长国（阿联酋）是中东和世界上最具活力的经济体之一。迪拜作为阿联酋乃至海湾地区的贸易、航运、金融、物流和技术中心，近年来受到越来越多的关注。在迪拜的经济多元化战略中，有一项重要的开创性举措，为经济转型提供了强大动力，即建立自由贸易区。

杰贝尔阿里港周围，有机场、多商品贸易中心、国际金融中心、媒体城市、互联网城市和其他自由贸易区，是一个以工业和贸易为导向的自由港。它的建立源于海湾阿拉伯国家的担保制度。担保人制度对外国投资者有许多限制，当地担保人必须合作设立公司，担保人需要持有 51% 以上的股份。随着时代的发展，越来越多的外商对“担保人”制度不满，成为吸引外资的障碍。

在此背景下，自由贸易区的概念应运而生，即阿联酋在境内划定一个区域作为自由贸易区，外国投资者可以享有100%的控制权，但其商品和服务只能在该区域内流动，不能进入阿联酋当地市场。1985年，迪拜政府在阿联酋建立了第一个自由贸易港——杰贝尔阿里自由贸易区。迪拜自贸区相对于传统的“担保人”制度的核心优势在于外资企业可以100%持股，免征企业所得税和个人所得税，免征进口原材料、设备和货物的关税，50年内免征所得税，不受限制地将本地区外国企业的利润和资本返还本国，不受外汇管制。杰贝尔阿里自由港因其无限制雇用外国工人、没有最低工资和当地雇员要求而成为阿拉伯地区最著名的贸易港，并允许在港区设立娱乐场所和设施，从而满足人们下班后的休闲活动。

杰贝尔阿里港的特点也体现在土地使用租赁政策的实施上。租赁的土地可以由企业自主使用，企业有更大的开发土地的自由。工厂是建的，仓库是企业说了算。此外，该地区厂房设备租赁时间较长，可与投资方签订长达25年的厂房设备合同。

迪拜综合商品交易中心连续多年被《金融时报》评为“年度最佳自由贸易区”。

第二节　全球自由贸易港发展的特点和趋势

一、全球自由贸易港发展的特点

从近450年来世界自由港发展变化的考察可以看出，自由港作为一种国际经济关系形式，具有一定的发展特点，主要表现在以下几个方面。

（一）自由港功能由单一向多元化发展

从自由港发展的历史来看，其功能正在逐步增强。早期，自由港的功能仅限于过境贸易，自由港政策只注重对过往船舶进出口货物提供免税。后来，自由港逐步增加了仓储、改装、贸易展览、简易加工组装等业务，但也仅限于转制服务范围，自由港在过境贸易中的传统功能仍没有突破。

直到第二次世界大战后，自由港的功能才从转口贸易发展到工业生产。最典型的是香港和新加坡，都在转口贸易严重衰退后，于20世纪50年代中后期提出大力发展加工制造业。今后，一些功能较好的自由港将进一步利用自由港政策发展金融、旅游、交通、通信等成为一体化区域或国际中心，功能更加多样化。

（二）自由港形态由贸易型向综合型发展

自由港的形式是由其功能决定的，当功能朝向简单化、多样化发展，其形式必然随之发生变化。当自由港的功能仅限于发挥转口贸易的作用时，自由港的形式属于贸易类型。当自由港的功能扩展到促进贸易和工业发展时，其形式将转变为工商业自由港。当自由港的功能扩展到促进工业、贸易、金融、旅游等各方面的发展时，其形式为一个综合性的自由港。据不完全统计，随着国际贸易活动与经济的快速发展，全球自由港的数量在2019年已有130多个。在这些自由港中，虽然仍有传统的转口贸易自由港，但随着大多数自由港功能的多样化，转口贸易自由港有减少的趋势，而其他形式的自由港却在增加。

（三）自由港发展趋向由发达地区逐步向落后地区扩张

早期的自由港起源于当时世界经济最繁荣的地中海沿岸地区。随着西欧资本主义的兴起，世界经济的繁荣地区向大西洋沿岸转移，自由港开放之风也向西欧转移。在资本主义向垄断阶段的转变中，垄断资本加大了对外扩张的力度，开辟了一些殖民地港口，这些港口是重要的国际水道，可以发展成为自由港的贸易集散地，自由港从欧洲经济发达地区和地中海沿岸向亚洲、非洲和加勒比海沿岸一带经济落后地区扩展。

第二次世界大战后，虽然世界自由港的发展出现了复杂的、多变的局面，发展中国家或地区原有自由港历经关闭、衰落、变革和繁荣。但总而言之，世界自由港仍在进一步发展，特别是一些发展中国家和地区为了满足经济发展的需要，扩大与外国的经济联系，主动创建或提议建立自由港，以出口加工区、自由边境区和过境区为主。第二次世界大战后，新开放的自由港数量有所增加，表明世界自由港呈现向发展中国家扩张的趋势。

（四）自由港逐步由低级阶段向高级阶段发展

从整体上看，包括了自由港、自由贸易区、出口加工区等在内的自由区或经济特区，都由低级阶段向高级阶段发展。最早的经济特区主要是服务转口贸易，后来直接创办，贸易公司，扩大出口。再往后，由于科学技术的发展，随着世界范围内的产业结构调整和产业转移，加上联合国贸易和发展会议决定为发展中国家提供普惠制关税待遇，世界市场的迅速扩大等，推动了世界经济特区向新的更高的形态发展：不仅发展贸易，而且发展工业、旅游业、服务业、科学技术和其他事业，成为综合性的特殊经济区域。

从20世纪70年代末到80年代初，随着新技术革命的发展，世界经济特区发展到了一个新的更高阶段。一些国家和地区设立了科技特区，开发尖端技术和技术密集型产品。新加坡就是一个突出的例子。新加坡自由港通过特殊优惠政策和科研环境，创办了科学技术园区（如肯特岗新科学工业园区），吸引外国公司在园内从事新产品和新技术的研究与开发，以便加速资讯科技发展，促进工业发展和技术更新，使新加坡成为一个“智慧岛”。可见，自由港已出现向技术密集型方向发展的倾向，自由港的经济技术结构也朝着高级化和高科技化发展。

二、全球自由贸易港发展的规律

各国自由贸易港区形式多样，特色迥异，情况复杂，难以一概而论。通过对众多自由贸易港的调查分析，以及比较研究，可以发现其发展规律。

（一）各类自由贸易港的共同特点

虽然不同类型的自由贸易港在具体政策、规模和发展速度上有所不同，但也有一些共同的特点，主要表现在以下五个方面。

1. 都有优越的物理和地理条件，并位于交通要塞

例如，著名的三大自由港（香港、新加坡和科隆），本身就是建在世界三大良港的基础上；再例如，罗马尼亚的苏利纳自由港，地处多瑙河三角洲，黑海的入海口处。

2. 交通、通信等基础设施相对完善

交通网络四通八达，与外界有着方便的联系，且拥有完善的港口、码头、仓库、机场、公路、铁路等配套设施。例如，中国台湾的高雄出口加工区，靠近高雄港和南北铁路以及高速公路的主干线，邻近国际机场，构成了海陆空交汇处，交通非常便利。

3. 有明确的地理界限，是封闭隔离的

它的一些隔离边界是自然边界，如河流和海峡，而另一些则是人工建造的，如围栏。一些国家也对此作出了具体规定，如南斯拉夫以法令形式明确规定，自由贸易区的围墙以水泥和砖来建筑，高度为 2.5 米，厚度为 30 厘米，水域则以 20 米处设白色浮标等。

4. 税收、金融等优惠政策

自由港区最重要、最突出的特点是税收、金融等优惠政策，与一般地区差别较大。

5. 外向型经济为目标

自由港区都以外向型经济为目标，发展对外贸易，扩大出口，立足本国，面向世界，瞄准国际市场。

（二）自由贸易港所起的作用也不尽相同

自由港历史悠久，是世界贸易早期发展的产物，有四个多世纪的历史，长期以来都是国际贸易的一种重要形式。自由港具有最大程度的偏好和开放性。在发展初期，自由贸易区与自由港一样，主要侧重于贸易功能。由于自由贸易区可以在内陆地区设立，不受沿海港口等条件的严格限制，且相对灵活，因此发展迅速，形成了边境自由区、边境中转区、免税仓库和其他形式。建立自由港最重要的作用是促进过境贸易的发展，有效扩大对外贸易。

（三）自由贸易港的布局具有不同的特点

欧洲国家和发达国家普遍建立自由港和自由贸易区。例如，英国、丹麦、爱尔兰、瑞典、瑞士等国都有自由港，特别是瑞士，全国有 20 多个自由港。除了历史传统，欧洲大陆独特的地理位置也是一个重要因素。因此，自 16 世纪意大利建立第一个自由港以来，欧洲自由港已经持续发展了几个世纪。

此外，拉丁美洲一些发达国家也有自由港。事实上，从自由港的分布来看，它们大多位于发达国家或相对发达的发展中国家。除欧美强国外，拉丁美洲的巴拿马和委内瑞拉等也是发展中国家的典范。在亚非发展中国家和地区中，出口加工区多位于马来西亚、突尼斯、毛里求斯、中国台湾等国家和地区。综上所述，这是发达国家资本输出、在发展中国家寻找投资场所以及发展中国家与国际资本合作发展东道国经济的结果。

据不完全统计，世界上 95% 的自由港和自由贸易区属于西方发达国家，而360多个出口加工区几乎都属于发展中国家。在大多数拉丁美洲发展中国家，仓库、过境区和自由边境区更为常见。例如，阿根廷设有15个仓库转口区。这是由于拉美发展中国家邻近美国、加拿大等发达国家。为了发展边境落后地区，就在边境接壤地带、交通要道等地区设立自由边境区、转口区等。实践证明，这是一种比较有效的方法。此外，鉴于各国经济社会条件的不同，建立自由港区对各国经济发展的意义及其在国民经济中的地位也不一样。

在欧美等发达资本主义国家，虽然建立的各种自由港区对促进出口、发展过境贸易起到了积极作用，但自由港区在整个国民经济中的比重非常有限；而对新加坡、马来西亚、巴拿马、毛里求斯和中国香港这些面积狭小的国家和地区而言，它们的意义和地位是完全不同的，往往起着决定性的作用。对于其他相对落后的发展中国家或地区来说，建立自由港区对促进国民经济和对外贸易发展的意义和作用也不可小觑。

（四）不同国家和地区建立自由贸易港的背景和目标不同

20世纪60年代，发展中国家大力发展自由港区，其主要原因是外汇资金不足和技术管理水平低。在经济发展由“进口替代型产业”向“出口导向型产业”转变后，利用国际产业结构调整和资本转移扩散的机遇，发展自由港区。在发达国家引进资本和技术，扩大出口，发展国民经济，扩大就业等，这是建立自由工业区的主要目标和立足点。经济特区或自贸区设立加工业，其主要目标和立足点不是引进资金、技术，而是引进“竞争”，促进劳动生产率的提高和本地区的发展，产品面向国内而不是面向出口，这同发展中国家有较大差别。

（五）各自由贸易港税收优惠政策各有异同

税收优惠是自由港区最重要的特征，主要包括关税和所得税两个方面。在关税优惠方面，各国（地区）的自由港区基本相同，因为各类自由贸易港区都是传统海关管辖豁免的免税区。关税的不同之处在于，一些国家规定，只有该地区项目所需的机械、设备、原材料和零部件可以免税；而另一些国家（埃及）则放宽了对所有项目进口货物的免税要求。

此外，大多数国家和地区只对自由港区免征关税。为了吸引外资，一些国家和地区还对自由港区以外的一般地区实行一定的关税优惠，比如中国对外资在内地的关税优惠政策。在所得税方面，优惠方式和优惠程度比关税优惠更加灵活多样。因此，全球自由港区之间存在很大差异。比如，降低税率（中国香港和德国科隆），定期免税（韩国马山出口加工区、爱尔兰香农自贸区），放宽扣除标准（菲律宾巴丹出口加工区），开展再投资信贷（中国台湾新竹科技园）。

（六）自由贸易港区的发展必须因地制宜、切合实际

确定自由港区的类型、发展模式、规模、速度和管理体制，必须根据国家和地区的实际情况，实事求是，量力而行，因时因地制宜地采取最佳方式适应形势；否则，如果机械地照搬，脱离实际，往往很难达到预期的效果。

在这方面，世界自由港的发展有许多成功的经验和失败的教训。例如，毛里求斯领土狭窄，为吸引外商投资和集中管理，采取了一种独特的制度，不专门划分区域，而是依靠外资企业选择地点，一旦选定地点并批准投资生产，政府就宣布其为出口加工区。这种独特的方式对这样一个小国来说比较成功。又如爱尔兰香农出口加工区，利用地处国际航线必经之地的有利条件，大力发展高技术、重量轻、体积小的电子产品加工，元件和产品的进出都由空运完成，费用低、时间省、效益非常显著，因而发展极为迅速。再如荷兰由于受欧共体条约的制约不能设立自由贸易区，就在鹿特丹等许多港口设立海关仓库，充分利用有利的地理条件，成为北西欧之间、欧美之间、欧美和亚非之间的分销中心，转口贸易发展很快。

相反，也有失败的教训，例如，印度在与巴基斯坦接壤的港口附近建立坎德拉港和坎德拉出口加工区，以补偿因印巴分离而造成的卡拉奇港损失。但该港由于地理位置不具有优势，很少有船只经过，交通不便。因此，尽管投入巨大，但实际发展十分缓慢。效益并不显著。此外，在发展规模和速度上，南斯拉夫在20世纪80年代初，就曾因自由关税区发展过快、摊子过大，而使自由关税区在出口等方面的应有作用受到一定影响，发展很不理想。

（七）各自由贸易港以发展倒逼改革

各国家和地区在自由港区发展过程中都注意到，要根据国际经贸关系和国内经济发展的变化，及时调整发展战略，修改和完善相关政策法规，使本国（地区）建立的自由港区能够适应不断变化的产业和技术要求，实现更好的发展，发挥更大的作用。例如，汉堡自由港最初是为了发展出口加工业而建立的，后来德国工业发展起来，成为纯粹转口贸易的自由港；中国香港原本是一个纯粹的转口港，现在却成为一个全面、多元化发展的自由贸易港。利物浦、不来梅和首尔也有类似的情况。匈牙利在1972年建立出口加工区后，为了使加工区更适应发展需要，1982年和1983年对相关政策也进行了多次修订和完善。

（八）各自由贸易港发展受到诸多因素的影响

经验表明，自由港区的发展受到诸多因素的影响。要想得到发展，既要有优越的自然地理条件、完善的基础设施、便捷的交通网络等硬环境设施，又要有良好的政策法规等软环境，建立、管理体制和制度等。以政策为例，如前所述，税收优惠是最常见和最重要的。但如果没有投资保护、金融和价格政策等配套措施，仅靠税收优惠是行不通的。此外，对于自由港区而言，政治稳定和政策连续性也非常重要。

三、全球自由贸易港发展的意义

（一）自由贸易港进一步加强了各国之间的经贸关系

自由贸易港往往设在靠近世界主要航道的港口，如新加坡占据“东方十字路口”的优越地理位置，拥有许多天然港口。因而新加坡自由贸易港是世界各地加强经贸关系的纽带。

（二）自由贸易港进一步促进各国的自由和开放

与其他形式的经济特区相比，自由贸易港在贸易、投资、航运、就业、经营、人员出入境等方面有更多的自由。贸易和投资的集中发展对国际资本聚集有着巨大的需求，大多自由贸易港一般也是区域或国际金融中心。因此，自由贸易港对一个国家和地区具有很大的发展和开放价值。

（三）自由贸易港在各国社会经济发展中发挥着先导作用

自由贸易港不仅是区域经济的“增长极”和“引擎”，而且日益成为开放政策和制度创新的试验田，可以在区域先行先试，向全国推广。因此，自由贸易港在一个国家或地区的社会经济发展中起着主导作用。

（四）自由贸易港推动世界经济发展进入更高阶段

从自由港由低级阶段向高级阶段的发展历程来看，随着世界各国的产业调整和产业转移，自由港推动了世界经济向更高阶段发展。

但是，由于不同的经济和历史条件，自由贸易港的建立对各国都有不同的意义和实际效果。欧美等发达国家建立各种自由贸易港，对促进转口贸易和出口贸易发挥了积极作用，但在整个国民经济体系中的比重相对有限。对于巴拿马、新加坡、毛里求斯等一些小国和地区而言，它们在实际经济发展效果中发挥着重要作用，其意义和地位十分重要。

四、全球自由贸易港发展的趋势

自由贸易港的功能是随着世界经济政治环境变化和科学技术进步而演变的。探寻这一过程的规律和特点，将有助于更好地利用自由贸易港的政策工具，服务于我国内外联动的新时代，形成全面开放的新格局。

早期的自由港主要从事过境贸易活动。这与当时的国际生产和贸易水平还处于初级阶段，单一转口贸易功能能够满足国际生产力发展的需要。第二次世界大战后，随着世界经济联系的加深，原来单一功能的自由港远远不能满足当时国际生产的需要。因此，自由港已转向工贸结合，即加工贸易和再出口贸易一体化。随着经济全球化的深入和要求，世界自由港呈现出全面发展的趋势。

（一）自由贸易港的开放功能将日趋加强

世界贸易自由化、投资便利化等多边谈判和信息技术革命极大地促进了全球开放经济的发展。第二次世界大战以来，在各国际贸易组织的推动下，全球贸易总体关税水平大幅下降，进出口手续便利化程度大幅提高。随着电子信息技术的深入和广泛应用，世界贸易普遍自由和开放程度的提高，极大地促进了自由贸易港的发展。全球开放程度的提高，自然使自由贸易港的开放“上下浮动”。

此外，自由贸易港还必须实施更大程度的自由化和便利化优惠政策和措施，以促进吸引力，从而使各国积极提高自由贸易港的开放程度。现代自由贸易港在开放范围、开放程度、自由贸易、税收负担等方面都有了明显改善。高度的自由开放已成为现代自由贸易港口的重要本质要求。

（二）自由贸易港的功能趋于综合化和服务化

自由贸易港区的发展模式随着经济发展阶段和国内外因素的影响而变

化。20 世纪 70 年代以来，随着全球化进程的推进，以转口贸易为主的自由贸易区和出口加工区逐步形成。自贸区在贸易、旅游、金融等领域的国际经济功能进一步拓展，三大产业和服务业成效显著。随着国际经济体制的不断深化，传统的单一功能自由贸易港区已逐步转变为多功能、综合性的形式。

随着全球市场竞争日趋激烈，需求个性化、多样化的特点日益突出，自由贸易港作为国际经济关系重要枢纽的作用逐步加强。世界现代自由贸易港的一个重要特征是金融、保险、旅游、投资等现代服务功能的增强，这是有别于传统自由贸易港的重要标志。由于其功能的一体化和多样化，世界各地各类自由贸易港的作用和分量更加突出。

（三）贸易港特殊区域的功能将不断扩展

经济全球化促进了全球供应链的不断延伸和资源配置的日益积极，对经济特区的作用提出了新的要求。在一些国家，自营贸易口岸已从单一的货物贸易保税转移功能，扩展到商品展示、加工维修、物流配送、信息配送、研发创新、金融等多功能增值模式。保险、货运代理、租赁和咨询服务越来越受到重视。自由贸易港区的功能定位也从贸易中心、物流中心向金融中心、信息中心、决策运行中心延伸，在全球贸易和投资活动中发挥着越来越重要的作用。

（四）自由贸易港从微观运营逐渐向公司制转变

传统自由贸易港大多采用政府运作模式。通常，这些自由贸易港的主要经济和社会目标是在东道国创造就业机会、吸收外国直接投资和促进工业化。实践证明，政府直接经营的自由贸易港模式存在诸多局限性：如地方政府缺乏足够的动力、官僚主义严重、容易错失机遇和滋生腐败等。虽然韩国等一些政府出资的自由港区（港）取得了成功，但是在 21 世纪全球私有化趋势的鼓舞下，民营企业控制和经营的自由贸易（港）数量正在逐步增加。民营企业管理的优势在于更具灵活性和创造性，在环境变化面前更容易改变。成功的民营自由贸易区包括菲律宾、肯尼亚和多米尼加等。

自由贸易港口私营模式的成功表明，适当的政府宽限是一种有效的方法，它可以集中精力提供一个具有竞争力的法律框架和一套有吸引力的优惠政策。而世界银行则是自由贸易区私有化的重要全球推动者。

（五）发展中国家自由贸易港数量将增长迅速

由于发展中国家和地区经济自由和开放的空间还很大，特别需要通过自由贸易港建设实现体制性突破，实现国家经济发展目标。实践证明，拥有良好自由贸易口岸的国家和地区经济发展水平较高。对联合国亚洲及太平洋经济社会委员会大多数成员来说，港口作为国际货运和客运的门户发挥着重要作用，亚洲及太平洋许多国家和地区正在努力使港口发展成为经济增长和社会进步的关键动力。

2020 年 6 月，亚太港口服务组织（APEC Port Services Network，APSN）发布的《2019 年亚太港口发展报告》显示：受全球经济贸易普遍放缓、贸易摩擦升级的影响，亚太地区 2019 年的贸易量缩减，进而影响港口生产。亚太经济体主要港口全年完成货物吞吐量 152.9 亿吨，同比增长 2.6%，延续 2018 年低增长态势。2019 年，亚太经济体前 30 大集装箱港口，包含中国港口 17 个，美国港口 5 个，东南亚港口 5 个，以及日韩港口各 1 个，中国仍占半数以上。在亚太地区，作为重要的国际货物和消费者供应者，以及重要的全球运输转移地，未来亚洲腹地将继续依靠港口发展带动经济增长。

第五章　全球自由贸易港建设比较研究

第一节　香港自由贸易港建设

一、香港自由贸易港发展历程

香港是一个历史悠久的大型现代化综合型自贸港，范围包括了整个行政区域。香港维多利亚港是世界著名的天然深水港，也是全球最繁忙的货运港之一。港口的繁荣使香港成为国际航运中心和亚太地区的国际贸易中心。

（一）香港自由贸易港的发展阶段

香港自由贸易港大致可分为四个发展阶段：转口贸易、加工贸易、综合性和跨区域综合性。

1. 转口贸易阶段（1841—1949 年）

在这期间，转口贸易是香港经济的重要支柱。1841 年后英国对香港实行殖民统治，在香港实行了自由贸易港政策，允许外国船只自由进出港口，免除进出口货物关税，并将其用作自由贸易港口和货物配送中心。吸引外国船只向中国市场倾销货物。香港地理条件优越，逐渐成为转口贸易发展的理想场所。

2. 加工贸易阶段（1950—1978 年）

在此阶段，香港自然资源匮乏，工业基础薄弱，当地市场狭窄，但其充分利用内地和东南亚国家的大量资金和技术，依靠大量廉价的劳动力资源和优惠的免税条件，以及加入《关税和贸易总协定》享有“最惠国待遇”和英联邦成员获得联邦特惠优势，大力发展本地加工业。由于货物进出口自由，外汇不受管制，税率低，水陆交通便利，仓储设备先进，集装箱航运业发达，以加工贸易为主的自由贸易港得以高速发展。

3. 综合自由贸易港阶段（1979—1990 年）

随着中国的对外开放政策和亚太地区区域经济一体化的发展，广东和香港的经济一体化趋势显著。香港抓住机遇，适时向珠三角地区转移劳动密集型产业。在工业化带动下，香港形成了工业、对外贸易、金融、旅游和交通运输与通信及建筑等行业为支柱的多元化经济结构。同时，自由贸易港为人们提供了自由贸易、自由通航、自由通信、自由交流和便捷通道；为工业、贸易、金融、房地产、旅游、信息等行业提供优质贸易服务。它极大地改善了中国香港的经济地位，被称为创造了经济奇迹的“亚洲四小龙”之一。

4. 跨区域综合自由贸易港阶段（1991 年至今）

这段时期，香港与内地特别是珠三角区域分工与合作深入发展。香港是内地最重要的过境港，也是内地企业最重要的离岸集资中心，已成为外国投资的最大来源。就金融服务而言，香港已成为第一个离岸人民币结算中心。由于香港经济的持续稳定发展、金融法规的健全、与国际接轨、税收优惠、海外人民币需求的增加，香港为人民币离岸中心创造了有利条件。在鼓励发展新兴产业方面，为减少对金融及房地产业的依赖，香港特区政府新开辟了六个“支柱产业”（环保产业、检测认证、医疗服务、教育服务、文化及创意产业、创新与技术产业）和一个科技园（香港科技园），作为经济增长的长期领域。在跨区域发展方面，香港于1995年成为世界贸易组织的创始成员，积极参与亚太经合组织、亚洲开发银行和世界海关组织，为自由贸易港的持续发展创造了条件。

（二）香港自由贸易港的发展特点

1. 香港自由贸易港的经济政策体系符合国际规则

除了制定各种自由经济政策外，香港特区政府亦提供多项措施，促进贸易和商业发展，服务日益增长的贸易，使香港成为世界重要的航空和航运枢纽。香港的“积极不干预原则”包括完全不干预政策、直接干预政策和临时干预政策。

2. 完全不干预政策

完全不干预政策显示，香港经济活动自由度很高，但个别地区和地方法律明确限制的行为除外。其主要包括以下政策。

（1）自由贸易体制。

①对进出口贸易没有控制。除了对危险药品、枪支、动植物、濒危物种、肉类和家禽的进出口进行法律管制外，进出口贸易（包括商品种类、商品价格、贸易主体身份和进出口市场选择）没有受到监管，而且自由空间范围非常广。

②没有关税壁垒。除了对烟草、酒精、甲醇和碳氢化合物油征收进口和消费税外，进口货物一般不必缴纳进口税或关税，进出口贸易的“门槛”很低。

③进出口手续极其简单。一般商品的进出口，除少数实行贸易管制的商品，经事先申请批准后方可进出口外，不需报批。办理一般商品进出口手续，只需在14日内向香港海关提交完整的报关单。

④免除外国船舶入港申请和海关手续，实行非强制性引航，海关检查和卫生检查手续简单，免除港口管理费，物流体系顺畅。

（2）自由企业制度。

①自由进入的经营管理。香港特区政府只监管金融、电讯、公共交通、公用事业及一些大众传媒行业。绝大多数其他投资领域的进入和运作都是由投资者自己决定的。税收实行地域性原则，只对来自香港的利润或收入征税。不征收资本增值税或股息预扣税，并实行简单的低税率税制，企业所得税税率为16.5%。

②企业准入门槛和经营门槛低。投资者在香港设立有限公司、担保公司和无限公司，手续简单。在香港注册公司，只要文件齐全，最快可在4个工作日内完成手续办理。

③本地企业同等待遇制度。在香港设立和经营企业，不论是本地或海外资金来源，集体或私人拥有资产，均享有本地企业同等待遇，不因身份不同而有歧视或优惠，企业的经营环境极其公平。

（3）金融自由制度。第二次世界大战后，随着香港经济起飞，各行业繁荣，股市蓬勃发展，香港采取了一系列金融自由化政策，包括放松外汇和黄金管制、银行牌照“解冻”、取消存款利息税等，致使外资银行和跨国金融机构大量涌入。由于香港的外汇管制相对宽松。外汇、黄金和钻石可自由进出香港，各种货币可在香港自由交易和兑换。香港金融业进入快速发展阶段，向多元化、国际化发展。

（4）自由出入境制度。香港一向实行宽松开放的出入境政策。香港特区政府已与许多外国政府签署协议，使持香港特区护照的香港居民能够在海外旅行或经商，并享受免签证入境待遇（出入香港的外国人也享受同样待遇）。

3. 直接干预政策

在实施完全不干预政策的基本前提下，香港特区政府严格控制一些极其敏感和重要的经济活动，以确保香港整体经济的有序运行。

（1）干预一级土地市场。香港特区政府对土地的直接干预，主要集中在批地数量和土地定向开发的控制上。直接干预一级土地市场，可使本港有限的土地资源得到有效开发，并发挥最大潜力。

（2）对重点金融活动的干预。香港对金融市场的管制，主要集中在建立港元与美元的联系汇率制度、指定发行纸币的银行、管制发行纸币的银行，以及推行“三级金融制度”。

（3）贸易领域的干预。主要包括：大米进口经营许可证制度和预存制度，防止个体贸易商囤积居奇，推高大米价格，影响民生；对某些碳氢油类（汽油、飞机燃料和轻柴油），酒精浓度以量计多于30%的饮用酒类、甲醇及烟草等（不论是进口还是香港本地制造）均征收关税。

4. 临时干预政策

这项政策主要用于处理经济不正常运行中的问题。香港特区政府在实施临时干预政策时，主要是界定政府部门的经济角色，而不是限制市场机制的作用，使经济运行更有效率。临时干预政策措施一般包括抵押贷款利率控制、财产转移控制、外汇管理资金干预金融市场等。

二、香港自由贸易港的成功因素

（一）重视经济立法，为市场正常运行提供法律保障

在现行成文法中，经济法约占45%，香港制定了完善的市场自由竞争规则，为实现真正的自由公平竞争和市场的有序运行提供了保障。香港也为企业提供了坚实而公平的法律制度，产权制度完善，能有效保护私有产权，会计考核制度、信用制度和信息披露制度健全。商事纠纷可以通过双边协商、第三方调解、仲裁等方式庭外解决。在香港，仲裁是解决商业纠纷的常用方法。仲裁程序受仲裁规则的约束，仲裁规则包含两种不同的制度，即本地制度和国际制度。

（二）坚持“小政府大市场”的适当干预政策

坚持自由企业制度和一系列自由经济政策，营造自由贸易、自由通

航、自由投资、自由经营、自由外汇、自由准入、自由竞争的环境，这是市场机制顺利运行的基础。香港特区政府对土地实行完全控制，直接经营港口、机场、公路、九广铁路和邮政服务。对于民营公用事业公司，政府通过合同的方式对价格和服务质量进行监督与干预，对农业、渔业、住宅和一些半官方及服务机构提供无息、低息贷款或一般援助。

（三）香港实行简单的低税率政策

香港不征收进口货物（特殊货物除外）关税、增值税和营业税，在国外赚取的利润也不征税。公共收入的主要来源是：差饷率、地租、博彩税、遗产税、印花税、利得税、薪俸税和物业税。差饷是指预期物业全年可得的合理租值，当前的差饷征收率为5%；地租是指在新土地契约的批租年期内或无续期权的土地契约的续期年期内向政府缴纳的租金；博彩税是指向赛马博彩、合法足球博彩的投注所得毛利以及六合彩收益征收的税项；遗产税是指对身故者在香港遗留下财产征收的税项，但自2006年2月11日开始，香港取消遗产税，即在该天或之后去世的人士的遗产无须缴付遗产税；印花税是指涉及不动产转让、租约及股份转让的各类文件须缴纳的税项；利得税是指向香港企业征收经营所获得利润的税项，税率分别为16.5%（适用于有限公司）和15%（适用于非有限公司）；薪俸税是指对在香港产生的收入按累进税率计算征收的税款；物业税则是指向香港的土地拥有人及建筑物拥有人征税。

（四）报关手续简单便利

在香港，一般商品的进出口无须征收关税，既没有关税限制或附加费，也没有增值税或一般服务费。但对于酒类、烟草、碳氢油、甲醇四类商品，无论是进口还是本地生产，都必须缴纳消费税，属于进口的，还要征收进口关税。香港仅有的少量贸易管制，是为了履行国际义务和保障本地居民的生活必需品。只有危害公共卫生或安全的商品、战略物资、应纳税商品和受限制商品，以及对某些特定国家的进口或出口，需要领取出口许可证。香港的进出口贸易手续十分简便，一般只要在货物进出口 14 天内报关，向海关递交一份资料正确及齐备的进口或出口报关表格即可，无须事先批准。

（五）吸引和培养人才

香港经济的持续发展归功于各行各业的高端精英。香港特区政府不仅制定了吸引金融、服务贸易、科技等领域外来人才的政策，并能与香港的长远发展战略相匹配。同时，还通过增加培训资源和政策措施，培养本地人才，特别是在航空、海运、铁路、金融、建设、城市管理等领域，实现高附加值、多元化发展。

（六）“硬件”和“软件”齐备

香港还为市场的正常运行提供良好的“硬件”和“软件”环境。硬件包括码头、机场、道路、通信设施等的建设；软件包括普及教育、人工培训、咨询服务等。

第二节　新加坡自由贸易港建设

新加坡是东南亚一个面积只有 724.4 平方公里的城市岛国，自 1965 年独立以来，逐渐发展成为全球卓越的国际金融中心和世界重要的国际航运中心。研究其发展历程，不难发现，优越的地理位置及开放的自贸港政策是推动其经济持续高速发展的重要原因。

一、新加坡自由贸易港概况

在新加坡的经济发展中，自由贸易区不足以覆盖其金融中心和电子工业中心的功能。因此，新加坡是一个有限的自由贸易港，包括 8 个自由贸易园区、30 多个具有关税减免权的工业区和 70 多个保税仓库。作为自由贸易港，新加坡的消费税和进口关税相对较少。自由贸易政策是新加坡国际贸易战略的核心，几乎所有的货物都可以不加关税进入新加坡。

（一）新加坡自由贸易园

新加坡自由贸易园主要从事转口贸易。进入园区的货物可以重新包装、分类和拆卸，而不改变其性质。但深加工受到限制，园区内几乎没有制造业，主要以提供物流附加值为目的。新加坡的自由贸易园区通过围栏和其他方式关闭。未经海关许可，任何人不得进入或居住。

新加坡发达的海陆空运输网络确保了货物的快速国际流通。进入新加坡的外国货物 90% 以上将转口。因此，就整体交易而言，新加坡实质上是国际货物转运的枢纽。

（二）其他物流园区、工业园区、保税仓库

为了满足国内港口物流运营商的需求，需要选择具有相关制造业和国际物流基础设施的地点，从事特定产品的简单或深加工活动，然后将其转移给下游客户。通常，港口区或周边地区的一部分被指定为工业区。

此外，新加坡众多的保税仓库增强了其自由贸易区的功能。保税仓库是自由贸易区概念的延伸，是通过物理边界与外界相分离的。货物从保税区运至保税仓库储存时，暂不征收消费税。消费税只在货物离开保税区进入国内市场时征收。保税仓库由服务仓库的所有人或经营人管理，负责仓储物的安全问题和妥善控制。新加坡还有一个仓库区，用于储存含税货物，即酒精、烟草、汽车和石油产品。这些仓库只有在新加坡海关的授权下才能建立，而且也是封闭的实体区域。

二、新加坡自由贸易港的功能

（一）仓储和贸易转移功能

因为新加坡自由贸易港具备无关税、无进口配额限制、通关方便、仓储时间短、仓储成本低等优惠条件，吸引了来自世界各地的转船货物储存在本地区的物流中心和保税仓库，或适时销往国内市场，或转船到国内市场。其他国家也从中得到了很多额外的利益。自由贸易区的转移功能与储存功能密切相关。只有提供便利的仓储服务设施，货物才能顺利运输，同时，转船业务的增加可以促进仓储业的发展。以上两项功能是自由贸易区最基本、最原始的商业功能。

对于在保税区内运输的国际集装箱，码头可根据航运公司的要求更换第二条航线的船舶。只需向新加坡海关申报，增加集装箱转运的灵活性和便利性。由于海关几乎完全不干预“国内外海关”业务，新加坡自由贸易港是真正实施“自由政策”的典范。在 2019 年全球集装箱港口吞吐量排名中，新加坡港口以 3 720 万标准箱吞吐量仅次于上海港，位列第二。

（二）吸引外资和加工制造业功能

在自由贸易港设立出口加工区和工业园区，主要是为了吸引外商直接投资，在本地区设立工厂，进行产品的生产加工，然后供应出口，再刺激经济增长和解决劳动力就业问题。例如，出口加工区享有机械、原材料、零配件免税进口等良好的投资环境和条件，货物和资金可自由进出口，吸引外资进入加工制造区。

（三）国际金融中心的职能

新加坡位于交通要道上，其优越的地理位置使其成为世界金融活动的中转站。新加坡拥有先进的技术和运作良好的通信网络，可以实现与世界贸易和金融中心的密切联系。这些都为新加坡金融业的发展奠定了良好的基础。

新加坡国际金融中心的形成是政府推动的结果，属于政府主导型。1997—1998 年亚洲金融危机期间，东亚部分金融中心开始萎缩，大量国际资本撤出东南亚。但危机后新加坡的自由化政策巩固了新加坡作为国际金融中心的地位。目前新加坡已连续多年跻身全球金融中心榜单前列。

三、新加坡自由贸易港的发展历程

（一）新加坡自由贸易港的发展阶段

1. 以转口贸易为主的完全自由贸易港阶段（1819—1959 年）

1819 年，英国东印度公司的托马斯·斯坦福·莱佛士（Thomas Stanford Raffles）乘船抵达新加坡，发现新加坡是天然的避风港深水港，于是决定在这里建一个贸易站。随后，英国获得了新加坡的租赁权，并宣布新加坡将作为自由贸易港开放。这段时期，新加坡完全是一个自由贸易港，所有国家的船只都可以自由进出港口；除烟草、酒精和鸦片被殖民政府垄断外，所有进出口均免征关税。

2. 向有限自由贸易港过渡阶段（1959—1970 年）

1959—1967 年，新加坡发展了“替代进口工业化”阶段，面向国内市场的加工制造业迅速发展。在此期间，新加坡开始建立工业区，并于 1961 年年底建立了最大的裕廊工业区。为了减少关税壁垒对过境贸易的影响，新加坡在 1966 年颁布了《自由贸易区条例》，并于 1969 年在裕廊港建立了第一个自由贸易区。

与其他国家的自由贸易区不同，新加坡的自由贸易区并不是一个通过优惠政策吸引外资发展加工制造业的免税区。商家可以将应税货物免费存放在该地区，重新分类、包装、陈列，然后转船出口，或者在有利的销售机会来临时运到海关，缴纳关税后在新加坡国内市场出售。新加坡灵活运用自由贸易港政策，极大地促进了转口贸易。

3. 制造业和服务业发展时期（1970—1990 年）

进口替代型工业化政策形成了以制造业为支柱的合理产业结构，带动了外贸、交通、金融、旅游业的发展。1967 年，新加坡转向以出口为导向的工业化政策，颁布了《经济发展激励（免征所得税）法》，突出鼓励出口产业。20 世纪 80 年代以来，新加坡政府重点发展高新技术产业，积极推动现代服务业的发展和出口。除了保留一些基本的鼓励政策外，在依托港口的自由贸易的基础上，还制定了针对不同行业的具体优惠和便利政策，促进服务业各行业的多元化发展。

4. 多功能自由贸易港的繁荣阶段（1990 年至今）

1990 年，新加坡的集装箱吞吐量跃居世界第一。今天，它仍然是世界上最好的集装箱港口之一，拥有全球 500 多条航线、连接 600 多个港口，也是亚太地区重要的航运中心。新加坡自由贸易港码头设备完善，货物装卸效率高，为远洋船舶、游轮、集装箱船等船舶提供服务。目前，全球 90% 以上的商品可以自由进出新加坡，不需缴纳关税。

除了改善基础设施和注重发展金融服务外，科技在新加坡国家发展战略中的地位也在逐步提升。目前，新加坡是世界上最大的计算机磁盘驱动器生产国和第五大半导体生产国之一。此外，新加坡也是软件业的“总部经济”，吸引了 80% 的世界顶级软件企业和服务公司。

（二）新加坡自由贸易港的特色

1. 建立信息畅通的动态平台

新加坡只是这个地区的一个小岛。在这种情况下，新加坡政府明智地指定了自由贸易区，集中生产设施和基础设施，从而连接商业生态系统，吸引了大量世界级跨国企业和本土企业。例如，樟宜机场附近的自由贸易区既包括无线和宽带接入在内的高科技“软基础设施”、智能电网、数字应用、金融网络，也包括道路、跑道和仓库在内的“硬基础设施”，把新加坡当地、东南亚地区和全球的所有重要利益相关者联系在一起。

为满足自由贸易区日益增长的信息处理需求，新加坡政府开通了中立、安全贸易等一系列电子窗口和平台，为自由贸易区的发展服务。

2. 高效的企业负责经营管理

新加坡对自由贸易区经营管理的做法是，将港口管理交给更高效、更有活力、更能适应全球化趋势的企业。对于自由贸易区，新加坡政府不需要低效的自上而下的微观管理，而是通过良好的技术和数据采集能力来监控自由贸易区运营商的运营。对操作人员随机审计，发现违规行为将处以重罚。该制度遵循“知情服从”原则，各方必须“尽责”守法。与此同时，新加坡高度透明的数据和出色的数据分析能力几乎消除了与政府相关的腐败和权力寻租的可能性。

3. 金融法律服务完善

新加坡健全的商业生态系统还包括金融服务、外汇交易、保险、法律仲裁、人才体系等。由于新加坡的财务成本较低，许多贸易公司在新加坡设立了金融和资产托管中心。新加坡在对外贸易纠纷的法律仲裁方面也独树一帜。根据瑞士洛桑国际管理发展学院 2020 年发布的《世界竞争力年鉴》，得益于先进的科技基础建设、熟练的技术劳动力储备、优惠的移民条例以及高效的创业模式，新加坡在全球竞争方面排名第一。新加坡统一和公平的法律政策环境，使它能够吸引更多的世界级企业留下来。新加坡在其国家贸易平台上的成功很大程度上是因为它遵守了数据隐私和安全规则，这使得它的自由贸易园区非常有吸引力。

4. 公司注册资本要求宽松

新加坡对公司注册资本的要求也同样宽松。《新加坡公司法》规定，公司注册资本最低为 10 万新元，缴足资本则是新币 1 元起，但没有最低缴足资本的要求。股东可以随时决定增加注册资本和缴足资本，只需在新加坡商业登记局填写表格并缴纳费用即可。

四、新加坡自由贸易港的成功因素

1. 优越的地理位置

新加坡实行自治并独立后，逐步实行工业化计划。但无论是进口原材料替代产业，发展出口导向型产业，还是利用驻新加坡跨国公司的资金、技术和分销网络，发展以自身地位为主导的现代服务业作为国际金融中心。产业体系离不开其便捷完善的海上交通网络。因此，新加坡优越的地理位置是其发展的首要条件。

2. 正确的功能定位

新加坡自由贸易港的发展得益于政府的正确定位。在建设自由贸易港过程中，新加坡政府实施了一系列行之有效的政策。20 世纪 60 年代初，新加坡政府改变了自由贸易港的发展战略，采取了有限的关税政策，使得国内刚刚起步的民族工业得以保护并发展壮大，推动了新加坡的工业化进程。为适应外向型经济的发展，新加坡政府在裕廊工业区设立了首个自由贸易区，重点扩建和完善港口码头，建立物流园区，发展水利电力、天然气等公共基础设施建设，促进过境贸易蓬勃发展。同时，根据经济发展形势，不断调整关税政策，保持自由贸易港的活力。新加坡不仅全面实施自由开放贸易政策，而且通过简化通关手续，提高了自由贸易区货物装卸和运输效率，使货物在新加坡境内自由转让或出口，增强自由贸易港在国际贸易中的竞争力。

3. 强有力的政策支持

新加坡自由贸易港一直实施低关税甚至零关税政策。即使在 20 世纪 60 年代，为了保护国内民族工业，对少数商品征收关税，并且关税尽可能低于周边港口的水平。现在的新加坡自由贸易港更类似于非税区，绝大多数货物进入该区不必缴纳关税；80% 以上的进口免税商品将在这里出口。进口免税商品在保税仓库储存并转口前，不征收消费税。

新加坡自由贸易港的金融自由化水平相对较高，可以自由兑换外汇。对资本流动没有限制，对汇款收入、利息、利润、股息和投资收入也没有限制。该地区还设有离岸金融中心，实行与国内市场分离的模式，免除法定准备金率，不实行利率管制、外汇管制，不征收资本所得税，新加坡通过放宽金融政策和提供优惠措施，促进其国际金融中心的形成与发展：一是逐步放松外汇管制；二是逐步放宽黄金交易限制；三是不断修改税收法规，提供各种税收优惠。

4. 强有力的人才保障

新加坡的教育投资仅次于国防，是世界上高度重视国民教育的国家之一。新加坡经济的优势之一是拥有一批经过专门培训的工人和高素质的管理人员。为了提高人才素质，新加坡不仅重视正规教育，而且重视与职业教育的结合。在职业教育中，有工厂培训、海外培训、联合培训等多种形式。为此，新加坡政府设立了专门的员工技术培训基金，并不断加大投入。同时，新加坡在制定相关政策时也对员工培训作出许多规定。比如，企业用人单位应当按照工资总额的4%向政府缴纳专项培训资金，或者企业出资培训工人，政府为其补贴培训费的70%。20世纪80年代中期以来，政府提出了“以智取胜”的目标，普及计算机应用知识，实行中英文双语教学，使人民群众普遍具备良好的语言技能，加强与外界的沟通。

五、新加坡自由贸易港模式的启示

1. 逐步探索由政府主导型向企业主导型转变的管理模式

新加坡的经验表明，当市场开放到一定程度时，要及时减少行政干预，重组政府部门，在市场配置资源中发挥有效作用，顺应市场趋势，抓住机遇搞经济发展。

2. 创新贸易监管模式加强投资政策协调

自由贸易区最大的特点是“境内关外”。自贸区将实施“一线通畅、二线安全高效、区内货物自由流动”的贸易创新和监管服务新模式。“一线开放，二线管理”是国际上对自贸区监管的通行做法。贸易监管要“全面放开一线”，即要求自由贸易区建设的一项重要任务是简化通关手续，提高通关效率，降低行政成本。利用 IT 技术可以实现电子监管技术创新。

3. 发展离岸金融服务促进国际金融中心发展

自贸区既是投资和对外贸易开放的窗口，也是深化金融改革创新、增强金融开放的试验田。新加坡离岸金融中心最初采取内外分离的模式。商业银行和金融公司等金融机构可以同时经营亚洲货币单位（Asian Currency Unit，ACU），但必须分开账户。后来，为了吸引银行经营金融机构可以兼营 ACU，新加坡政府取消外汇管制，吸引外资银行在新加坡经营金融机构可以兼营 ACU，发展离岸金融业务。

发展离岸金融，既要建立与自由贸易港相适应的外汇管理体制，又要为离岸金融的发展提供税收优惠。要不断降低企业开设境外特别账户所需注册资本门槛，扩大企业使用范围，逐步赋予境外特别账户融资和财务管理职能，提高境外特别账户的效率，降低运营成本。对境外账户进行监管，建立境外交易公司、境外交易类型、境外交易收入和境外交易金额的认定制度。

4. 发展高端服务型国际航运中心

在国际金融中心建设中，新加坡全面发展航运金融和保险业，促进航运金融、海上保险等航运服务业的繁荣。新加坡国际航运中心的成功经验也表明，港口发展需要顺应世界港口航运形势。上海可以成立港口信息与战略研究部，了解和掌握国内外港口发展概况、周边港口的竞争力与格局、运输方式与航运方式的变化趋势。通过掌握世界港口和航运发展的信息，为上海建设国际航运中心和国际金融中心提供了新的思路和方法。

同时，也为全球航运相关企业提供金融、保险、法律、咨询等高附加值的航运服务，不仅可以获得高额的经济回报，而且无形中引领着全球航运市场的发展方向。

5. 制定严格的法律法规，建立良好的监督体系

除了“负面清单”，还可以借鉴新加坡的投资实践，制定明确的投资法。新加坡制定了与投资相关的税收、公司注册、劳动管理和环境保护等方面的各项法律法规。为防止外资企业偷税漏税，新加坡审计机关有权对外资企业项目进行监督检查。

第三节　迪拜自由贸易港建设

阿拉伯联合酋长国（以下简称阿联酋）是中东乃至全球经济最有活力的国家之一。迪拜作为阿联酋乃至海湾地区的贸易、航运、金融、物流和科技中心，越来越受到世人瞩目。在迪拜经济多元化战略中，有一项开创性的重要举措，为实现经济转型提供了强劲动力，这就是成立迪拜自由贸易港。

一、迪拜自由贸易港概况

迪拜是中东地区著名的全球性商业大都市，由于地处东西方交流的咽喉要道，经常作为欧亚经济活动的中心。迪拜市政府从 20 世纪 70 年代开始，就将港口开发和机场建设列为最重要的基建项目，迪拜港就是重点建设的目标之一。经过五十多年的建设发展，迪拜港成为中东最大的自由贸易港，且具有相当重要的国际影响力。

1970 年，迪拜港又名拉什德港（Port Rashid），正式运营。为进一步拓展港口发展空间，1979 年，世界最大的人工港迪拜杰贝尔阿里港

（Port Jebel Ali）开始投入使用。1991 年 5 月，迪拜成立了港口专业管理机构——迪拜港务局（Dubai Port Authority，DPA），对这两个港口实行统一管理。拉什德港和杰贝拉里港都设有适应大量集装箱通过的集装箱修理设施，以提供更有效的港口服务。此外，杰贝拉里港拥有 4.3 万立方米的特大冷藏仓库。

受全球海运业整体严峻形势影响，迪拜港口 2019 年集装箱吞吐量为 1 150万标准箱，而上一年为 1 490 万标准箱，持续下降态势明显，但总吞吐量仍有 3.5 亿吨，位居世界第十。由此可见，迪拜已跻身世界主要港口之一，成为世界首屈一指的中转贸易港口。在世界港口航运业中也占有举足轻重的地位。

二、迪拜自由贸易港发展模式

（一）迪拜自由贸易港的起源

1. 阿拉伯国家“担保人”制度

迪拜自贸区和自由贸易港的产生缘起于海湾阿拉伯国家普遍实施的“担保人”制度。外国投资者在这些国家做生意，都必须与当地人合伙设立公司，该合伙人也就是通常所说的“担保人”。设立公司的费用全部由外国投资者承担，但是当地“担保人”至少占公司 51% 的股份。

2. 杰贝尔阿里自贸区

随着时代发展，外国投资者对于“担保人”制度的不满越来越多，该制度变成吸引外资的障碍。在此背景下，自贸区的概念应运而生，即各酋长国在境内划定一块区域作为自贸区，外国投资者可享受 100% 控股，但其货物和服务只能在区内流转，不能进入酋长国本土市场。1985 年，迪拜政府设立了阿联酋第一个自由贸易港区——杰贝尔阿里自贸区。迪拜自贸区相对传统“担保人”制度的核心优势是外资企业可以 100% 控股。

迪拜先建造了港口码头，经过成长发展后再建立自由贸易区，使两者形成优势互补的状态。杰贝拉里自由贸易区，毗邻杰贝拉里港国内最大的迪拜国际机场也离迪拜港不远。迪拜已经把两港一区的模式当作一个海空联运的主要转运港，即形成“一个航空港＋一个海港＋一个自由贸易区”的运作模式。建立该自由贸易区的初衷是为了鼓励外商贸易与投资，由于自贸区建设得十分成功，促使迪拜和其他酋长国出现了多个以其为参考模型的其他自由区。

（二）迪拜自由贸易港的建设模式

迪拜自由贸易港区的建设模式可以概括为：一个集迪拜金融城、迪拜互联网城、迪拜媒体城等众多特色工业城市于一体的自由贸易港——杰贝尔阿里自由港。杰贝尔阿里自由贸易港被定位为低投资、低运营的自由贸易区，专注于物流贸易供应链管理、加工、制造和再出口等相关业务，主要实现贸易便利化功能。

杰贝尔阿里自由贸易区管理局提供“一站式”服务，可直接向投资者发放营业执照，提供行政、工程、能源供应、投资咨询等高效服务。杰贝尔阿里自由港设有实体围栏，主要用于区域监管。而每个特色产业城都发挥着人才、资金、技术的集聚作用，实现特色产业的高速发展。各产业城不设实体围栏，主要开展产业政策监管和企业自我管理。

阿联酋对港口、自由贸易区和海关采取三合一管理模式。阿联酋的管理机构是迪拜港口董事会，该董事会以统一的方式管理和运营港口及自由贸易区，作为政企一体化的实体。董事会主席由王室任命，对协商事项有最终决定权。

对在该地区储存、交易、加工和制造的货物，例如进入阿联酋关税区的货物，不征收关税和其他税。海关随时对该地区的货物进行抽查，海上进出该地区的外国货物必须向海关和港口申报。

迪拜政府在自由区的基础设施上投入了大量资金，包括交通、通信和高速数据传输。除过境贸易、加工制造业外，与之相关的其他中介服务业也可进入该地区，但此类企业必须为阿联酋所有，外资企业不得进入。

迪拜的“1+N”模式成功实现了自由港与产业的协调发展，突破了实体壁垒的界限，最大限度地发挥了自由贸易港的系统红利和辐射效应，形成自由贸易港与腹地经济的综合功能网络。

三、迪拜自由贸易港的政策

（一）优惠政策

（1）货物可以自由进出港。海关随时对该地区的货物进行抽查。对在该地区储存、交易、加工和制造的货物不征收进口关税和增值税；如果货物进入阿联酋关税区，将再次征税，进入关税区后出口的货物将全部退还。

（2）公司、企业生产所需的机器、设备、零部件和必需品的进口，免征关税。

（3）自贸区内所有公司、企业50年内免征所得税，自贸区内工厂职工免征个人所得税。

（4）企业可以随时将利润和资本汇往国外，不受任何金融和货币限制。

（5）允许外资设立独资企业。该地区的国内外投资者可以持有100%的股份。此外，对雇员没有国籍限制。

（二）投资者优惠政策

外资可以100%独资，不受《阿联酋公司法》规定的49%外资和51%内资的限制；外国公司享受15年的所得税免税，期满后可再延长15年；资本和利润可以不受任何限制地自由汇出；不征收个人所得税；进口完全免税；货币可以不受限制地自由兑换；没有烦琐的程序，登记手续简单；自由区内有现代化高效的通信设施；基础设施较好；能源供应充足；

工作环境美观宜人。

（三）迪拜自由贸易港区其他激励政策

其他激励政策主要包括：厂房设备长期租赁，部分自贸区可与投资者签订长达25年的租赁合同，有效保障投资者经营的稳定；无最低工资标准和当地员工要求，使自贸试验区企业进一步降低劳动力成本，在对外贸易中获得更大的竞争优势；从建立到运营一体化服务的一站式模式，使投资者更快地完成自贸试验区的各项手续。

迪拜多商品交易中心连续三年被《金融时报》旗下的《外商直接投资》评为"年度世界最佳自由贸易区"。迪拜自由贸易港区具有多样性，有的侧重于教育、媒体、科技等特定领域，而多种商品交易中心是一个综合性自贸区，"平台、标准与沟通"这三个关键词值得其他自贸区借鉴。

第四节　全球其他典型自由贸易港发展

一、汉堡自由贸易港

作为著名的自由贸易港，汉堡并不是最早的自由港，但它有着悠久的历史。汉堡位于欧洲中部，易北河、阿尔斯特河和比勒河的入口处，水路交通发达，一直以来港口和工商业发达，是中世纪欧洲的重要港口。作为"汉撒同盟"，即汉堡与吕贝克、不来梅等德国北部城市结盟，垄断波罗的海贸易地区的商业同盟，汉堡长期享有"自由贸易"的特权。1881年，在德国统一的压力下，汉堡港进入关税联盟，但可以保留一块地长期储存外国货物并享受免税待遇，这就是今天的自由贸易区。第二次世界大战结束后，对战争创伤严重的汉堡进行了大规模的现代化建设，促进了汉堡港的飞跃发展。

汉堡自由港以优越的地理位置为基础，以过境贸易为主，是欧洲的物流中心。汉堡现有 5 700 家物流公司，可提供从运输、仓储、加工、质量控制、包装、试运营、配送、货运管理到运输保险、清关、发票等项目。增值服务形成完整的供应链，为各行业提供便捷的服务。

汉堡自由港依托港口和物流优势，发展加工贸易。由于弗里波特的加工或其他活动不需要增值税，许多企业在弗里波特设立加工厂，生产和加工咖啡、茶和纸等高附加值产品。为了解决重复通关的问题，货物在汉堡作为进口港厘清通关手续后，可以在欧盟内销售，这就大大节省了时间。

欧洲统一市场的建立让一百多年的汉堡港货物中转失去了存在的意义，德国于 2010 年 11 月正式决定终止汉堡的自由贸易区。从 2013 年 1 月起，汉堡的海关管理规定与其他港口保持一致，汉堡自由贸易区正式退出历史舞台。

二、伦敦自由贸易港

伦敦自由贸易港是“英国伯明翰—法国巴黎—法国鲁尔工业区”这一西欧经济发达带中最大的港口。机电、电子、汽车制造、精密仪器仪表、飞机、造船、印刷、纺织等机械工业板块主要位于泰晤士河下游两侧的城东，靠近港区，交通和工业生产用水十分便利。伦敦自由港允许外商 100% 投资，企业可直接使用泰晤士河沿岸码头，免征土地开发税，各种呈报到政府的手续被减少到最低限度。

伦敦自由贸易港吸引了数千家不同规模的航运服务企业。其中一些已成为航运服务业的世界品牌，提供高端航运服务业和增值航运服务。船舶服务包括船舶代理、法律、保险服务、船级社确定、船舶信息服务、海事服务、海事研究与交流、海事监督、国际贸易争端解决等。

伦敦航运交易所是世界上第一个航运交易市场，也是世界上最重要的航运市场信息发布部门。它为船东和船舶管理者判断市场状况和寻找合适的合作伙伴提供权威信息。

由此可见，伦敦港注重航运、贸易和金融的一体化与互动。从产业关联角度看，贸易和航运业在金融业中具有较强的需求驱动作用。一方面，航运和贸易将直接产生对融资、结算、保险、套期保值、金融咨询等金融产品和服务的需求；另一方面，发达的航运和贸易将自发衍生出一系列相关产业，如加工制造、仓储、物流、各类专业服务、批发交易等与生活相关的服务行业也会对金融业产生需求。

因此，航运业、贸易业和金融业之间存在着匹配、促进、深化和功能耦合的过程。伦敦港实现了三大产业的互动，有效促进了区域贸易和航运业的发展，同时带动了城市经济、金融保险、信息服务等产业的发展，并在整合中顺利实现产业升级。

三、鹿特丹自由贸易港

鹿特丹港是欧洲最大的港口，也是世界上最重要的物流中心之一。鹿特丹港区的基础设施归鹿特丹市政府所有。鹿特丹港务局是一家政府有限责任公司，负责港区和工业区的管理、运营与发展。鹿特丹港务局有权使用港区内的土地，负责港口规划、租赁管理、港口基础设施建设与维护、港口水安全、船舶动态监管、装卸质量监管、环境保护等工作，提供各类信息服务。

鹿特丹港区的服务特点是集仓储、运输、销售于一体。港口通过保税仓库和货物集散中心储存、运输和再加工货物，增加货物附加值，然后通过公路、铁路、河流、航空和海运等途径将货物运往荷兰和欧洲的目的地。鹿特丹港拥有先进而强大的港口服务体系和公共信息平台，为客户提供贸易便利。

鹿特丹港拥有完善的海关设施和税收优惠政策。保税仓库区企业经海关许可，可进行各级加工。港区和工业区的物流配送基地可以为集装箱货物的仓储配送提供最完善的增值服务。鹿特丹整个港区采用先进的电子信息网络和通信技术，对港口进行全面管理。

鹿特丹港拥有无纸化电子报检系统、船舶货运数据电子报检系统、船舶车辆卫星定位系统、内河水运信息系统、地理信息系统和无线电通信系统等，可以通过港口公共电子信息平台交换来共享电子数据，提高了完全由计算机控制的装卸过程的效率和精度，实现了港口装卸过程的无人化。并采用国际先进的码头操作系统（Terminal Operating System，TOS）对码头集装箱进行合理规划，减少集装箱周转时间。

外国投资进入荷兰没有任何限制。荷兰注册企业门槛低，手续简单，几天内就能办完。在荷兰的外资企业享受国民待遇，在参与政府采购、公开招标和创业创新支持项目时不受歧视。荷兰实施了宽松的外汇管理措施。外商投资企业的利润、资金、贷款利息和其他合法收入可以不受任何限制地汇出。外国投资者可以选择任何货币作为支付货币，也可以在荷兰开立其他外汇账户，不受外汇管理限制。

四、韩国自由贸易港区

港口在韩国外向型经济中一直扮演着重要角色。2003 年，韩国政府提出了建立以港口为主的经济自由区的计划，在位于全球主要航道上的釜山港和广阳港建立了自贸区，对吸引外资发挥了重要作用。

1. 政府吸引外资的一系列激励政策

（1）根据各地区的特点和优势，韩国政府先后建立了 8 个经济自由区，计划到 2022 年建成，吸引外资的目标定为 200 亿美元。

（2）自贸区是指可以经营制造业和物流业的特殊区域，先进的工业园区和其他基础设施可以为商业活动提供支持，舒适的生活条件可以吸引高层次的人才。每个自由经济区都有自己的发展重点。根据规定，制造业、物流业、医疗机构、教育机构、外国广播电视、金融机构等均可进驻自贸区。

（3）韩国政府通过减税免税、财政支持、放松管制、一站式服务等激励政策，大力推进自贸区建设。外国投资者在经营过程中可以享有更多的自由。他们不仅可以享受各种税收优惠，还可以享受政府在厂房建设、土地租赁、技术研发等方面的财政支持。

此外，自贸区还放宽或取消了对外商投资的限制，放开外汇制度，允许主要外币在自贸区自由使用。为了更好地吸引外资，经济自由区着力改善人居环境，不仅建设了大量绿地和休闲娱乐设施，还引进了国外大学和国际知名的医学院，并且在政府服务中使用英语作为工作语言。

2. 釜山港——克服不足，尽快建成国际一流的综合物流中心

釜山港于1876年开放，是韩国最大的港口，也是韩国与世界其他地区之间的门户。它对韩国的工业现代化和经济发展起着重要作用。由于釜山港逐渐无法满足日益增长的货物配送需求，20世纪90年代，韩国政府决定于2003年在旧港（现称“北港”）以西约25公里处开设新港，并在新港腹地设立釜山镇海自贸区。

釜山镇海自贸区依托韩国最大的港口，拥有复杂的交通体系、造船和汽车制造业、丰富的旅游资源。韩国政府将培育先进的交通零部件产业和建设世界一流的旅游休闲基地作为釜山镇海自贸区的发展目标，努力使之成为世界一流的物流和商务中心。

釜山镇海自贸区连续两年在韩国经济自由区绩效评估中排名第一。目前，当地政府正在努力吸引造船、汽车和高科技制造业的外国中小投资者。

此外，韩国政府还于2008年正式启动釜山北港港口改造项目，该计划包括扩充新港基础设施、改造北港工程、建设智能港口等举措，以提升釜山港的国际竞争力，争取在2025年前，吞吐量达到3 000万标准箱。

这是韩国第一个港口改造项目，目标是将釜山港建设成为全球物流枢纽、海洋旅游商业枢纽和港口相关产业服务枢纽。

国际物流体系无疑是釜山港和釜山镇海自贸区吸引外资的核心要素。要成为物流中心城市，必须具备三个关键条件：海运、空运、铁路和内陆运输。目前，釜山金海国际机场设施和运营能力相对不足。未来的扩建和发展规划是弥补釜山的不足，尽快建成世界级的综合物流中心。

3. 光阳港——发展成为东北亚商务中心区

作为首批经济自由区，它与釜山镇海自贸区以及韩国光阳湾经济自由区同时成立。虽然这两个经济自由区都依赖于本地区港口的发展——釜山港和光阳港，但发展方向不同。

韩国第二大港口光阳港于 1986 年开埠。进出口吞吐量第一，总吞吐量第二，车辆吞吐量第二。光阳港与全球 122 个港口相连，位于连接亚洲、北美和欧洲的主要航道上，可以作为中国北部、日本和香港港口的过境点。作为一个天然港口，其周围的自然环境也可以充当天然防波堤，保护船舶免受自然灾害的影响。

光阳港拥有世界一流的浦项钢铁厂和石化产品相关货运码头，在钢铁制造和化工领域具有领先优势，可处理集装箱、石化炼铁产品、汽车等各类货物，为航运公司和货主提供稳定的服务，已成为东北亚地区综合物流中心之一。光阳港未来的发展目标是提高港口开发、管理、运营的专业性和效率，以集装箱码头、石化码头、炼铁码头为主线，成为为顾客创造附加值的国际性港口。

以光阳港为中心的光阳湾经济自由区，分为五个区域：以物流和钢铁制造业为主的光阳区，以制造业和生产业为主的李村区，以居住、教育、医疗为主体的新德地区，以居住、生产、旅游为主体的河东地区，以旅游、度假和休闲体育为主体的华阳区。其发展目标是成为东北亚的商业中心。

光阳湾自贸区内共有丽水石化国家工业园、浦项广阳炼铁工业园等

13 个工业园区。化工、钢铁、金属加工等领域约 740 家制造企业落户。这些企业的总生产规模为 1 100 亿美元，约占韩国国内生产总值的 7.5%。自由贸易港的兴起和发展，是世界经济全球化和一体化不断发展的结果。目前，无论是西方发达国家，还是发展中国家，都把发展自由港区作为振兴民族经济、走向世界贸易市场的重要措施和有效途径。

五、小结

由于社会经济方面的差异，各国和地区发展自由港区的政策是灵活多样的。因此，在长期的发展中，形成了具有不同特点的自由港。在比较研究全球典型自由港的政策、法规和管理措施的基础上，推动我国立法体制和管理体制改革，分步骤、分阶段建立自由港政策和制度体系，并逐步探索、稳步推进中国特色自由港建设，是国际自由港政策优势发挥的关键所在，同时也是我国建设自由贸易港、接轨国际惯例的重要方向。

香港、新加坡和迪拜是国际公认的较成功的自由贸易港。通过深入研究这些港口的成功经验，可以为我国内地自由贸易港的建设提供经验借鉴。

第五节　全球自由贸易港发展经验分析

一、全球自由贸易港发展经验的总结

自由贸易港的优势主要体现在开放性、自由性和便利性，它们是自由贸易港在促进对外贸易和经济发展方面的优势。保障这些政策优势得以持续有效发挥的根本原因在于完善的立法体系和相应的管理体制机制。

（一）自由贸易港优势

1. 明确功能定位

自由港的功能定位决定了自由贸易改革和发展的方向。这种开放经济形式的最本质属性是自由。例如，新加坡、中国香港和迪拜实行自由贸易政策，自由贸易港具有转口贸易、出口加工、金融、商务、旅游等功能，外商可自由停留并从事相关业务，所有居民和游客享受关税优惠，开放范围较广。除履行国际义务和保障安全外，不限定进出口商品的种类、价格和贸易实体地位，对一般商品不征收关税，不限制进出口配额，资本项目完全开放，几乎所有投资领域均允许私人和外来投资者参与，开放领域广，国际贸易可以使用任何货币进行结算，国际航运进出不受海关限制。税负水平低，一般货物进出口均无须缴付关税等。

2. 自由开放是核心

自由开放是自由贸易港发展的核心。投资领域高度开放，有利于吸引更多外资企业和跨国公司设立分支机构或总部，建设区域总部和经济中心。中国香港和新加坡由于其非歧视性和开放的投资政策吸引了大量的外资和公司落地，本地企业赴境外投资也给予宽松的海外投资政策，从而助其发展成为世界著名的贸易中心。中国香港和新加坡高度的金融自由也为其成为世界级金融中心奠定了基础。

3. 良好的税收环境

为适应自由贸易港发展的需要，以税收优惠为基础的其他优惠措施和产业政策也是自由港区吸引投资、扩大贸易活动的关键措施。西班牙对自由港地区的出口企业给予4%的加速折旧优惠，中国香港和科隆自由港为外资银行提供各种优惠条件，允许资本、利润和外币自由流通、进出，从而促进金融业的快速发展。中国香港和新加坡较低的税收水平吸引了许多跨国公司和公司总部落户。

4. 便捷高效的监管环境

在保证当地进出口贸易利益的同时，自由港也充分发挥了“境内关外”的作用。从国际经验来看，自由港海关监管的出发点是通过监管和关税来协调国家的整体经济发展。便捷高效的监管环境直接决定了贸易便利化的程度。建立一个非常自由灵活的海关监管体系，给予船舶和货物进出的最大自由，是国外自由港的普遍举措。中国香港和新加坡在完善各项法律制度、政策法规的基础上，利用信息平台和大数据管理，减少交易时间，节约交易成本，防范贸易风险，提高监管效率，营造便捷高效的监管环境。

（二）自由贸易港的建设途径

（1）从法制建设的角度看，自由港地位是通过国家统一的特别法、税法、关税法、基本法等法律确立的，并对各项政策和管理模式作出了相应的法律法规规定，保证政策有效稳定执行。

（2）从管理体制上看，自由港应先立法后设区，设立国家自由港专门管理机构，由政府直接管理，负责自由港的宏观经济管理和协调，具有很高的权威性。

（3）从优惠政策的角度看，一方面，政府构建了一系列港口建设、运营、发展和物流管理的政策体系，强化港口服务管理职能，打造宽松独立的自由港环境；另一方面，在相应的体制机制的保护下，在自由港实行各种开放灵活的优惠政策，在国内同类功能区享受的优惠政策基本一致，有利于促进自由港的发展。

（4）从经营管理的角度看，国家通过颁布的自由港法令和法案，制定了详细的港口管理、港口航行和港口管理公司的政策法规体系，明确了港口管理模式及主管部门和企业公司的具体职责，充分赋予了港口管理部门和企业公司相应的职权。

二、对上海建设自由贸易港的启示

自由贸易港之所以有很强的吸引力，不仅是在于提供大量优惠政策，更在于具有包括完善法律体系在内的良好投资环境。正是由于相对完备、有效的法制保障之下，才能确保政策体系的真正落实。因此，就我国探索建设自由港而言，立法和体制两大领域是接轨国际自由港惯例的突破点。

（一）推动立法，建立自由港发展的新法律框架

1. 制定基本法赋予自由港法律地位

推动最高立法机关制定自由港管理法，包括但不限于：一是规定“一线放开、二线管住”的基本原则，明确自由港范围、类型、性质、目的和条件；二是规定区域管理体制，明确自由港宏观和微观管理体制，确保自由港管理的权威性和统一性；三是明确相关配套制度，规定建立和取消自由港的程序、完善海关监管制度、企业设立制度、贸易促进制度、金融服务制度、外汇管理制度、税收征管制度等。

2. 贯彻配套法规支持自由港经营管理

自由港的地方性法规应当详细规定港区管理机构、企业设立程序和规则、土地使用和建设、人员、货物、车船出入境等事项，港区金融业务、就业制度和地方优惠政策等。

（二）改革管理体制，创造政策执行新环境

政策的出台应注重制度创新，推进海关监管、金融外汇、财税、企业管理、行政管理等体制机制改革，建立符合国际通行规则的可复制推广的基本制度框架。

1. 改革海关管理体制实现“境内关外”

建立海关地方监管体系，它是一种独立的直接监管模式，方便有效地

对进出口货物、车辆和人员活动进行监督管理。一是实现“一线放开、二线管住”的监督形式。一线港区货物自由流通不需要其他任何手续；二线根据货物流向对货物流通实行严格监管，但不限制货物在该地区的流通。二是充分利用信息技术创新监管模式，简化监管程序，提高监管效率。三是按照以客户为导向的模式，探索通关监管改革，加快企业物流周转速度，降低物流成本，保证区内货物分批出口，集中申报，实现全天候检验、24 小时通关。

2. 改革外汇管理体制保障资金自由流动

取消资本账户交易和其他外汇管制的限制，实现人民币的自由兑换，保证资金的自由出入。通过制定和完善区域金融业发展规划，吸引有实力的大型中外金融机构到自由港发展。通过制定和颁布相关法规，鼓励金融企业创新发展，允许有资质的金融机构办理境外金融业务，在本地区设立境外金融中心。

3. 改革税收和企业管理体制，鼓励自主投资经营

实行更加开放的市场准入制度，吸引国内外投资者投资，方便企业登记注册。要抓住国家税制改革试点的机遇，在自由港将营业税改为增值税，减轻企业税负。税务机关要进一步转变职能，对企业实行预约服务和上门服务，通过规范管理和便捷高效的服务支持企业发展。

4. 改革行政管理体制促进港区自由经营

明确自由港的主管部门，通过具体的制度安排，在开放地区出现小政府，扩大自由港地区的自治管理空间。一是规范政府行政部门审批行为，减少不必要的审批内容，简化程序，提高审批效率；二是自由港管委会与海关合作，建立各有关行政部门联席会议制度，加强与检验检疫、税务、工商、外汇、金融机构、港口等部门的日常联系和沟通，加强在产业定位、招商引资、贸易促进、构建大通关和大服务体系建设等方面开展合作；三是进一步减免行政事业性收费，减少缴纳部分项目的管理费，以形成良好的招商引资环境，促进企业发展。

三、以上海自贸区为基础建设自由贸易港的方向

建设自由贸易港，要有“系统”的眼光，总结吸收迪拜、新加坡、鹿特丹、伦敦和香港的经验，主要涉及港口一体化、监管体制、组织结构、税收政策、资金流动、港口基础设施、特色产业、腹地经济八个要素。自由贸易港口没有统一固定的格式。因此，需要在注重自身动态比较优势的基础上，充分发挥各自的优势。

（一）引入动态评价机制，提升国际影响力

首先，建立自贸区政策效果动态评估机制，并在行业协会和典型企业抽样调查的基础上进行评价。自贸区营商环境指数、货物贸易便利化指数、金融服务自由化指数、产业竞争力指数、法制化水平指数等的正式编制和发布，动态反映了自贸区制度创新政策的效果。其次，积极与国际上有影响力的评价机构对接，或借鉴世界银行的营商环境指标评价体系。上海自贸试验区要研究评价标准，及时填补“碎片”之间的空白，填补“盲区”，才能有效提高创新质量，扩大红利，进一步提升中国的国际影响力。

（二）收集信息数据，完善综合业务信息平台

在现有企业信用信息平台的基础上，进一步整合本地区交通、财政、税务、物流、社会责任、法律、价格等各部门信息，完善综合业务信息平台。加强信息交流与共享，为风险联控创造条件。同时，探索信用前承诺、预警、贷后联动奖惩的信用管理机制，定期公布黑名单，动态管理企业各方面信息，使失信企业在自贸区中难以前进。综合业务信息平台既是一个管理平台，又是一个服务平台。各企业可以在平台上发布业务供需信息，通过供需匹配节约交易成本。以上海自贸区为龙头，协调浙江、江

苏、山东、安徽等其他自贸区，实现跨区域信息集成。

（三）提升“一站式”服务水平，发挥联席会议制度的作用

传统的“一站式”服务只体现了空间集中，但在管理与服务的整合上还存在不足。自贸区要突破原有的“一站式”服务，形成“横纵联动”的创新平台，整合参与企业设立和运营的职能部门。以“单一窗口”平台功能为基础，将海关、检验检疫、外汇、支付等涉及贸易监管的相关监管部门接入“单一窗口”运营平台，实现集约化，一站式高效管理。要进一步发挥自由贸易试验区部际联席会议制度的作用，避免各部门的非协调运作，真正做到责任明确、效率提高、现场协调解决。

（四）培养、引进国际化高端人才

要加强国际人才开发、全球培训、跨国使用机制建设，加快形成国际化人才队伍。一方面，要统筹整合国内外知名猎头、行业协会和高校资源，拓宽各级人才引进渠道，建立国际人才储备库，对国籍和年龄没有限制，大力发掘所有有利于自由贸易区发展的人才，形成全球自贸专业人才高地。通过“人才安居计划”和“健康服务平台”等重点人才工程，全面优化有利于人才培养、就业、落地和发展的综合环境。另一方面，在引进人才的基础上，提高原有人才的综合素质，培养高素质、国际化、复合型人才。

（五）联动国家战略，探索建设自由贸易港

在自由贸易试验区改革基础上探索自由贸易港建设是一项国家战略。

上海是目前最有条件建设自由贸易港的自由贸易试验区。上海要结合国家和地区实际，对标世界最高水平的自由贸易港，打造中国在全球金融和贸易竞争中的优势。上海要尽可能减少外商投资负面清单，推进电信、金融、互联网、文化等行业对外开放，以战略性新兴产业为龙头，以先进

制造业为支撑，构建以现代服务业为主体的新型产业体系。其中，金融自由化是未来自由贸易港建设的重要发展方向，要优化本外币一体化跨境资金服务，加大跨境人民币产品创新力度，允许金融机构尝试境外融资。随着国内外资金的自由流动，应该最大限度地发挥金融国际化在增强金融竞争力中的作用。

第六章 上海自由贸易港建设研究

自由贸易港的兴起和发展，是国际关系日益深化和世界经济不断发展的结果。发达资本主义国家和发展中国家都把发展自由港区作为振兴国民经济和进入世界贸易市场的重要措施和有效途径。因此，必须大力推进自贸区建设，推动开放型经济建设。

2018 年 4 月，中共中央决定支持海南岛建设自由贸易试验区，逐步探索和稳步推进中国特色自由贸易港建设，逐步分阶段建立自由贸易港政策体系。因此，加快上海自由贸易港建设是推动形成全面开放新格局的重要举措。

第一节 上海建设自由贸易港的必要性

2017 年 3 月，国务院印发的《全面深化中国（上海）自由贸易试验区改革开放方案》中提出：在洋山保税港区和上海浦东机场综合保税区等海关特殊监管区域内，设立自由贸易港区。国务院对上海自由港的要求是“对标国际最高水平”。

上海自由港将以香港、新加坡为标杆，对标国际最高开放度，实施具有较强国际市场竞争力的开放政策和制度，实现境外投资经营便利、货物自由进出、资金流动便利、运输高度开放、人员自由执业、信息快捷联通，打造更具国际市场影响力和竞争力的特殊经济功能区，主动服务和融入国家重大战略，更好地服务于对外开放总体战略布局。

一、上海建设自由贸易港的背景

（一）国际政治经济形势

当前世界正处于大发展、大变革、大调整的转折时期，我国对外开放面临的国内外形势正在发生深刻复杂的变化。一方面，国际经济持续低迷，主要贸易伙伴需求不足，出口形势严峻，局部贸易摩擦更加频繁，部分产品面临的贸易壁垒加大；另一方面，以美国为首的一轮贸易保护主义愈演愈烈，给国际经贸发展蒙上了新的阴影。世贸组织多哈回合谈判持续瘫痪，跨大西洋贸易和投资伙伴关系协定（Transatlantic Trade and Investment Partnership，TTIP）谈判破裂，英国与欧洲分离，美国废除跨太平洋伙伴关系协定（Trans - Pacific Partnership Agreement，TPP），推行各种贸易保护主义措施加剧了对华贸易摩擦，加大了全球经济复苏的难度。

由此引发的全球经济结构的剧烈变化，也使中国在制度设置和管理模式上加快了国际一体化进程。要推进管理体制改革和业务创新，推进自由贸易港自身建设，抵消贸易战的不利影响，避免被“边缘化”的危险。

（二）国内社会发展状况

作为开放经济的重要参与者和主要受益者之一，中国面临国内外的双重挑战。近年来，我国经济正处于转变发展方式、优化经济结构、转变增长动力的关键时期。由于我国劳动力成本快速上升，土地、环境、资源等制约因素逐步趋紧，综合成本大幅上升，劳动密集型产业出口竞争力下降。随着长期快速发展，积累和遗留问题十分突出。发展方式粗放落后，经济结构不合理，贫富差距过大，经济发展面临下行压力，区域发展不平衡，经济增长空间进一步压缩。

因此，建设自由度更高、人员、资金自由流动的高度开放的中国特色自由贸易港，已成为改革开放新时代要完成的新的历史使命。

（三）全面改革开放新形势

面对国内外新形势，中国正加快21世纪丝绸之路经济带和海上丝绸之路建设，探索中国特色自由贸易港，形成21世纪中国对外开放的新格局。依托工业生产能力和港口运输能力巨大的长三角发达地区，在更高层次上谋求实现国内外资源自由流动、两个市场要素和资源优化配置，已成为上海建设自由贸易港的重要抓手。

因此，应该按照习近平总书记“建设最高开放度”的要求，推进上海自贸区发展战略，推动上海自贸港创新适应“一带一路”建设，探索上海自由贸易港发展战略，形成更高水平的对外开放格局。

（四）上海建设自由贸易港的意义

自由贸易港是党的十九大提出的一种新的对外开放模式。目前，以上海自由贸易试验区为代表的中国21个自由贸易试验区建设已取得阶段性成果。探索上海自由贸易港建设，有助于为深化改革开放积累新经验、探索新成果，具有深刻的理论意义和广泛的实用价值。

（1）在评价上海自由贸易试验区建设进程和成果的基础上，分析目前存在的制约因素和潜在机遇。研究如何进一步认识上海在当前和未来自由贸易港建设中面临的机遇和挑战。更好地检验相关改革措施的实施效果和在更大空间复制推广的可行性，有利于上海自由贸易试验区的发展，进一步探索新路子，为全面深化改革开放积累新经验。

（2）探索上海自由贸易港建设，充分借鉴其他自由贸易港的经验和模式，有助于缩小与世界主要自由贸易港的差距，有助于党中央、国务院制定自由贸易港发展法规政策，落实贸易投资自由化便利化高水平政策，全面发展各类贸易服务业，努力扩大自由贸易港，拓展境外业务空间，实施灵活的人员准入政策，运用更加开放的思维，构建具有中国特色、符合中国国情的新时代开放战略。

（3）探索上海自由贸易港建设，是全面深化改革开放的试验田，是上海推进长江经济带发展、服务“一带一路”建设、引领自贸区建设的新切入点。它肩负着全面深化改革开放、探索新路子、积累新经验的重要使命，对标国际先进规则，强化改革措施系统集成，鼓励地方大胆尝试、大胆冒险、自主改革，形成更多的制度创新成果，从而进一步展示了全面深化改革、扩大开放的示范作用。

（4）探索上海自由贸易港建设，有利于在全球化困境和主要经济体贸易摩擦背景下探索中国特色改革开放的创新方向，积极谋划改革开放和自由贸易区建设的新路径、新思路、新对策，有利于对中国特色社会主义发展新阶段上的对外开放和经贸事业发展进行积极的探索。

二、上海建设自由贸易港的必要性

习近平总书记关于对外开放的重要论述，强调并赋予了自由贸易试验区光荣而神圣的历史使命。上海自由贸易港注定要担负起中华民族伟大复兴和实现中国特色社会主义和改革开放新时代“中国梦”的重大历史责任。

（一）探索上海自由贸易港建设，是新时期深化改革的客观需要

在自由贸易试验区基础上探索自由贸易港，是中共中央深化改革，扩大开放，进一步着力创新政府管理模式，进一步激发积极性的重要举措，有利于发挥市场主体的主动性和创造性，形成更加国际化、市场化和法治化的营商环境，是新时期深化改革、扩大开放的客观需要。

（二）探索上海自由贸易港建设是改革顶层设计和制度创新的客观需要

中国（上海）自由贸易试验区成立7年多来，初步实现了投资管理体制、贸易监管体制、金融体制和事后监管体制的创新，在制度创新的高地和源头上发挥着重要作用。但自由贸易试验区的制度创新还需要深化，一些重点领域和关键环节还需要进一步改革，特别是自由贸易试验区改革的自主性还面临诸多制约。

（三）探索上海自由贸易港建设，是适应国内外形势变化的客观需要

当前，经济全球化面临诸多挑战，多边贸易体制发展受阻，全球经济治理体系面临重组风险。在国内外形势不断变化的背景下，习近平总书记提出要探索建设自由贸易港，这不仅体现了党中央对新开放阶段基本特征的深刻洞察，也体现了党中央对新开放阶段基本特征的深刻认识，体现了适应国内外形势需要、维护世界经济开放、积极参与和引领规则的决心和勇气。

（四）探索上海自由贸易港建设，为全国对外开放作出新贡献

作为改革开放的排头兵和创新发展的先行者，上海自由贸易试验区积累了一批先进经验，成为我国对外开放的新高地。基于这些先进经验和制度成果，上海可以通过建设自由贸易港，形成更多高水平、可复制的贸易投资自由化和便利化政策经验，为全国进一步对外开放作出新贡献。

三、上海建设自由贸易港的作用

（一）进一步推动形成全面开放新格局

1. 发展外向型经济

自贸区的主要目标是促进外向型产业的发展。本地区企业生产的产品

主要或全部销往国外市场。为此，世界上许多发达的自由贸易区提供了更多的便利，包括减税、良好的基础设施、国际结算自由和招聘服务。其中，自由贸易港最重要的优势是在正常情况下，对中间产品部门和原材料少征或免征进口关税。这些优惠政策和措施极大地促进了外向型经济的发展，使自由港成为国家和地区经济与世界经济的纽带。

2. 打破贸易壁垒

在自由贸易区，进口货物的流动通常不受贸易壁垒的影响。在自由贸易区，外国船舶可以更频繁地出入境，货物可以免除关税和自由兑换。对于自贸区本部来说，自贸区的建设有利于促进国内出口贸易企业的发展：一方面，自贸区的优惠政策和较好的地理优势有利于国内出口贸易企业的集聚，发挥区域优势，促进出口贸易规模的集聚效应；另一方面，也可以在区域内建立有工厂或贸易联系的出口企业。更多的税收优惠将有助于提高其产品和国家的竞争力和对外贸易的发展。对另一个国家来说，对其自由贸易区出口的限制要小得多，税收更低，甚至免税，贸易更自由。

3. 促进企业转型升级

积极适应全球经济治理新格局，对接国际贸易投资新规则。后金融危机时代，全球经济治理新格局正在形成。掌握新的国际经济贸易规则和标准，积累经验，为双边、多边和区域合作新形势下的有关谈判提供参考，为与发达国家的谈判提供标准，从而有力地支持中国参与制定新的国际经济贸易规则。

开放更多的制度红利，促进中国经济转型升级。上海自由港的建立，不仅可以加快贸易活动的推进，而且可以促进要素的流动。通过加大开放力度，将加快改革步伐，推动中国经济进一步转型，推动对外开放进一步发展。

4. 有利于走出国门，走向世界

上海自贸区成立以来，开放领域不断完善。一方面，允许自由开放的外商投资进入，允许外资进入金融、航运、服务业等领域，大大减少外商投资限制，降低各种关税和非关税贸易壁垒。比如取消了部分行业对外资比例的要求，取消了对外资的限制。另一方面，上海自贸试验区通过建立境外投资服务平台，为中国企业海外投资提供了良好的环境。这将有助于中国企业走向世界，具有较强竞争力的中国跨国公司也可以在这样的环境中逐步形成。

一般来说，经济体都有满足内部和外部市场的经济活动。外向型经济与内需型经济是相互统一的。国内需求大的国家生产规模大，国内企业齐全，发展能力强，可以提高其在国际市场上的产业竞争力，有利于发展外向型经济。随着市场需求的增加，规模化生产往往导致企业对外部资源的依赖，但两个资金、两个市场的发展符合外向型经济的发展要求。出口导向型经济以国际市场为目标，发展自身比较优势，最大限度地发挥参与国际分工的兴趣，以国内外双向影响因素提升自身。

开放促进改革。建立自由贸易港，必须率先提供新的借鉴模式，在政府运作的服务模式、国际法律规范的整合等方面推进制度和规则，以深化中国的改革开放，内容主要包括新制度红利的发放，深化国有企业、投资体制和审批制度改革，扩大开放领域特别是服务业，发挥市场、品牌、研发等综合优势，促进双向开放，吸收跨国公司和其他职能组织的区域总部。

（二）有助于加快形成新的经济增长点

1. 促进上海加工制造业转型升级

上海保税港区涵盖上海外高桥保税区、外高桥保税物流园区、洋山保税港区、上海浦东机场综合保税区等多个领域。建立上海自由贸易港的主要任务是探索中国对外开放的新途径、新模式，增强中国在世界上的新竞争优势，搭建新平台，通过与其他国家的合作与发展，拓展新的经济增长空间，创造中国经济的升级换代。此外，还为各种生产要素，特别是钢铁、汽车等加工制造业创造了低成本、高效率的经济环境、低交易成本、高生产效率、政策导向的发展。

在钢铁和汽车贸易方面，有利于钢铁和汽车的进出口。可以在自贸港区设立钢材和汽车贸易仓库，这将使钢材和汽车产品的进出口更加便利。港区还可以经销钢材和汽车，更好地促进钢材出口。期货交割仓库的建立，将极大地帮助上海进一步取代釜山和新加坡在这一领域的主导地位，也有助于降低中国钢铁和汽车企业的交易成本。

2. 有利于服务贸易一体化

随着世界经济一体化和服务业一体化趋势的深入，完全基于货物贸易功能的自由贸易港已不复存在。自由贸易港很好地适应了时代的需要，其功能正在逐步扩展到服务贸易和投资领域。在激烈的国际竞争压力下，纯粹的转口贸易已经不能满足跨国公司的高要求，企业应为全球资源配置。随着国际竞争的加剧，这将不可避免地降低中间环节的利润，因此未来自由港业务内容将主要将由附加值服务创造。从本质上讲，现代自由贸易港的发展趋势是一体化和集中化，体现在服务功能的不断嵌入上。

3. 促进经济发展和转型

改革开放后，中国经济发展取得了举世瞩目的成就。出口强劲推动了中国经济的增长。同时，我国也在生态、资源和环境等领域付出了惨痛的代价。中国不能依靠外贸出口来支撑国内外劳动力成本上升、环境恶化、资源浪费、生态破坏和各种国际贸易壁垒等长期存在的不平衡问题。自由贸易港的建立将有助于促进区域功能创新、转型升级，加快制造业、航运业、贸易金融业、会展业、物流业等产业融合。

（三）可以进一步强化上海服务国家战略作用

1. 符合全球经济发展的趋势

尽管全球经济复苏出现一些不稳定因素，但全球化仍然是世界经济发展的基本趋势。在经济全球化的背景下，全球化已成为以绿色低碳和技术密集型增长为主导的战略性新兴产业，有助于推动新世界经济增长，引领新一轮产业革命。

2. 积极应对全球经济治理新格局

继美国次贷危机引发国际金融危机后，一种新的全球经济治理结构正在形成，以更大幅度地调整全球投资、贸易和金融的治理结构。《跨大西洋贸易与投资伙伴关系协定》和《跨太平洋战略经济伙伴关系协定》等自由贸易协定正在全面推动提高贸易和投资自由化标准，更加注重权利保护，公平竞争与服务贸易自由化。上海自由港的建立是一项新规则的探索。通过测试和积累新的国际经济贸易标准，参与多边、双边和区域合作经验，将有助于中国制定国际经济贸易规则并进行相关谈判。

按照统一的国家规划部署，上海应全面服务于“一带一路”和长江经济带的发展。上海自由港建设将进一步整合长三角区域一体化。长江经济带和“一带一路”的区域发展战略将在更高层次的开放和高质量发展的辐射带动作用中发挥更为有效的作用。

上海可以率先创新和检验长三角自由贸易试验区的行政一体化治理模式，积极开拓南通道，建设“一带一路”海陆空联运桥头堡。上海与周边自由贸易试验区合作，建设陆海联运、铁海联运国际贸易通道，推进陆海联运，开放东中西联动格局；充分利用上海国际金融中心和多层次资本市场的优势，充分发挥长三角资本市场服务基地的效率，积极推动长三角地区的金融资源和科技资源、信用保险融资、股权融资、省际融资链和上市融资的整合，为科技联动的资本市场提供高水平服务，共同推动长三角地区发展。

（四）有益于改善人民生活

1. 优惠的进口价格

上海自由港运营后，可以利用自贸区通关、保税仓储等政策优势，缩短物流供应链，大幅降低货价。进口商品的价格比市场再便宜10%～30%。在“保税展示交易”制度下，货物不会从保税区卸到柜台，而是使用商场独有的营销系统，资金进入供应商账户、海关账户。灵活的销售方式降低了资金成本，产品可以自由转让。供应商建立了直销模式，减少了中间环节，而且价格可以非常优惠。

2. 有利于改善就业和待遇

自由贸易港允许设立中外合资企业人才中介机构，这将有助于外资企业积极进入内地。自由贸易港良好的营商环境对高层次人才的需求很大。许多专业人士在家找工作的可能性更大，而且他们的工资也比同行高得多。

3. 有利于投资多元化和财务管理多元化

更多的外资银行将进入自由贸易港与本地银行竞争。各大银行可逐步探索将自由贸易港政策与自身业务相结合。其他的信托、保险和基金公司也将在该地区设立分支机构，以便更好地向企业和个人提供银行产品和周到的服务。因此，消费者可以获得更多的国际金融产品、更多的海外投资机会，以及更好的投资理财服务。

4. 有利于丰富文化生活

自由贸易港可批准建设外商独资娱乐场所。消费者可以在国内花少量的钱享受高品质的娱乐。例如，美国知名演出机构曾在上海自贸区注册，成为中国第一家外国演出机构，利用上海自贸区体制创新，已在上海经营放映，并与国内多家演艺公司合作，展望和打造“东方百老汇”的未来，以及更多在国内享受原始海外娱乐的机会。

四、上海建设自由贸易港存在的问题

（一）存在的主要问题

1. 现有的分业监管模式已不能满足需求，金融监管相对薄弱

目前，混业经营在我国金融业较为普遍。我国金融监管模式一直采用

分业监管模式，难以满足自贸区金融改革创新的要求。“支持自由贸易”的想法改变了银行、证券、基金和保险等金融服务的传统术语，而不再是被称为“传统金融机构”。通过将自由贸易账户与机构相结合，可以实现地方资本账户的可兑换。从理论上而言，它还可以通过账户提供跨境和跨行业的金融服务。这进一步说明，自贸区的金融改革措施旨在深化金融业的综合管理。

但是，自贸区的金融业和监管体系仍然坚持原有的独立监管模式。面对金融开放，存在监管漏洞，监管不力，无法有效防范金融危机。例如，在传统的监管模式下，监管机构之间的沟通并不一致。监管者在既得利益下不同程度地解读调控政策，客观上增加了投机和套利行为。新的金融模式依托互联网和金融高科技，其快速发展的趋势也带来了一定的金融风险和监管漏洞。自由港放宽对跨境资本流动的限制，鼓励对跨境资本流动的限制，鼓励跨境融资发展。因此，如何建立有效的跨境金融监管模式满足国际要求，是一个值得思考的问题。

2. 金融市场不够发达，金融改革进程受阻

随着中国经济的不断发展，自贸区也在实施金融创新，不断开发金融产品、服务和模式，为中国自贸区的金融业务提供参考。但总而言之，整个自贸区的金融产品或服务并不十分丰富，市场主体多元化程度较低，金融市场建设还没有完全与互联网、人工智能技术相结合，以及对金融市场的利用金融衍生品不足，导致人民币汇率市场化和人民币国际化效率低下，困难重重。这表明，金融市场的不完善和不发达，减缓了我国利率市场化和外汇管理体制改革的步伐，深化我国金融改革难度加大。

3. 金融改革体制协同度低，金融创新政策落实不到位

自贸区依托中国人民银行、国家外汇管理局等金融监管机构，研究制定规范金融业发展的相关规章制度。但自贸试验区金融监管机构没有按照最新规定及时更新相关内容，甚至没有相关规定和具体实施。而且，目前跨境金融账户与相关金融机构管理的境内结算账户之间的资金

流动，不利于金融账户流动和业务流程的推进，但也严重影响了海外金融服务业的发展。

4. 自由贸易区改革存在法律滞后问题

自由贸易试验区本身就是一项全面深入的改革。要从根本上调整和改变现有的法律体系、市场体系和市场机制。这些变化将对我国市场经济法制建设提出严峻挑战。如果现行法律制度没有及时修改和调整，就会导致相关改革缺乏法律依据，改革意义上的法律依据也就缺乏。但是，法律的修改始终是一个复杂的过程，必须在短时间内推进自由贸易区的改革。在这种情况下，改革与法治之间可能存在一种特殊的根本矛盾，这是任何自由贸易区改革措施都必须解决的第一个问题。

5. 自贸区先行与国家整体协调的矛盾

自贸区改革强调在部分地区实行“试错式”改革，但在具体改革措施上，涉及的制度内容是国家统一的，不能任意分割或调整，特别是在自由贸易区金融改革领域，很难与金融市场或整个资本市场的一个系统或一部分分离。统一性是金融市场最重要的制度构成和评价指标。国家金融监管体系和金融体系的建设在一定程度上机械地服从或协调了国家金融监管体系与金融体系、自由贸易区的整合，金融监管改革和金融体制创新难以跨越现有框架。因此，在自贸区体制改革过程中，必须保持国家市场经济体制的统一，确保自贸区在相关体制改革中的灵活性和创新性。

6. 权力分配与市场经济体制整体运行和自主运行的矛盾

市场经济的运行有其自身的规律。一般来说，政府机构不能随意将体制、市场或区域划分为现有的市场经济，不能通过行政手段对市场机制施加不合理的框架限制，特别是不能干扰正常运行。但是，自贸试验区的大部分改革措施、自贸试验区的设计、自贸试验区的组织和运行机制，都是各政府部门积极推进的。区域改革在一定程度上已经出现。行政权力在一定程度上也参与了自由贸易区体系的整体运行结构。实际上，推进自贸区改革创新措施的目标，应该由中央政府制定和建设，使市场经济的发展更加符合政府的体制。如果这种关系得不到有效处理，将对推进自由贸易区改革产生负面影响。

（二）解决问题的对策建议

1. 进一步创新金融监管模式

目前，我国金融业的监管模式是“分业经营、分业监管”的模式，这种监管模式已不能满足新的监管要求。我国短期内进行金融体制改革是不现实的。因此，自由港可以在混合监管领域发挥先锋作用，逐步探索符合国际标准的综合性金融监管模式，增强自贸区金融业的活力，发挥自由贸易区金融集聚的作用：一是要调整中央和地方金融监管体制，明确监管层次；二是要建立全面的金融实时监控平台，促进金融信息资源共享，不断完善金融法制建设，制度上，做到有法可依，有法可依；三是要加强监管部门之间的沟通，避免重叠或监管漏洞。

2. 加强金融服务体系建设，推出特色金融产品或服务

金融服务体系的建立是金融创新的基础。因此，自由港应把金融服务体系建设放在首位。一是加强与国际部门或组织的合作，增强自贸区的金融实力；二是不断推进特色金融产品或服务创新，加强基础设施建设，为自贸区提供优质的金融服务，为本地区企业提供便捷的营商环境；三是充分整合互联网技术和人工智能技术，为金融机构建立综合平台和风险预警平台。

3. 加强信息沟通不断完善自贸区金融创新政策体系

目前，我国自贸区还没有完善的金融创新和风险防范政策体系。在现有规章制度的基础上，自贸区各部门要加强信息沟通和信息共享，不断完善自贸区金融改革政策体系，要及时更新相关政策，避免冲突，实现各项政策的有机整合。同时，要扩大金融账户的使用范围，逐步扩大银行、保险、证券等的使用范围。金融主体通过自由贸易账户开展业务；逐步放开小额信贷机构，委托银行等金融机构申请，加快金融创新和改革。

4. 加强基础立法

上海自贸区的创新实践已经持续了七年多。其中，积累了大量经验，形成了较为成熟的制度体系。在此基础上，要总结自贸区实行“自治”的经验，制定统一的国家立法。要协调立法，规定自由贸易区进一步发展的基本条件、法律结构和基本制度的构成。创新机制、法律地位和制度构成了这些问题，需要从国家立法层面协调法治与改革的内在矛盾。

5. 赋予地方自贸区立法自主权

各地建立的自贸区必须结合当地经济发展实际，确定相应的改革方向和创新体系。为了实现这一目标，必须通过地方自由贸易区立法。因此，要推进自贸区改革，地方政府必须合理利用地方立法资源，建立自贸区法律基础创新体系，特别是因地制宜、创新机制，统一中国的自由贸易区。要体现区域性法律制定的基本原则和制度，确保地方自贸区创新实践的灵活性和开放性。

6. 赋予地方自贸区足够的自主试验权，使其能够大胆、全面地进行制度创新

制度创新是全面的，包括立法层面的改革创新，特别是通过具体的授权机制，允许地方自贸区结合本地实际，适当调整国家的基本法律和制度。在行政改革层面，中央政府必须授权地方政府在行政层面采取市场化管理机制，使自贸区的行政监管更加有效和公平。通过中央的大力支持和合理的授权机制，具有自主测试权的地方自贸区可以充分发挥灵活性，有效进行制度创新。

7. 推进金融体制改革深化

从加大商业交易金融化和资本化的角度看，自贸区改革与金融体制改革的深化密切相关。在近几年的自由贸易区改革过程中，虽然金融改革得到了推进，但改革的深度和广度还不够。要充分发挥自由贸易的体制优势，全面推进自贸区深化改革，必须继续推进利率自由化、汇率自由化、人民币国际化、外汇管理、银行金融等。发展离岸金融市场，优化自贸区

金融立法机制，推进金融体制创新，完善自贸区金融宏观审慎监管体系，健全自贸区金融消费者权益保护机制。

8. 建立与自由贸易港改革实践相适应的争端解决机制

随着自贸区改革的推进，自贸区各种新的经济形势日益发展，创新的市场参与者不断增加，新型的商业纠纷也将不断增多。在此背景下，必须根据自贸区改革试验的客观需要，推进自由港争端解决机制的自主创新，使自贸区不同商业主体之间的争端得到解决。例如，引入专门的调解和仲裁机制，将使各专业领域的纠纷得到及时解决；继续完善自贸区专业商事审判制度，建立专业的司法系统，如金融法庭、投资法庭、商业法庭、交通法庭等，确保自由贸易区内的业务纠纷得到公平有效的解决。

第二节　上海建设自由贸易港的优势与劣势分析

一、上海建设自由贸易港的优势

（一）园区优势

20 世纪 30 年代，上海就已经成为中国最大的金融中心、贸易中心和制造业中心。20 世纪 90 年代浦东开发以来，上海经济进入了新的历史阶段。虽然上海市土地面积仅占全国的 0.06%，但主要经济指标在全国占有重要地位。上海的外向型经济也有很强的向心力，一直是外商在华直接投资的首选地，有世界最大的集装箱港口（上海港）。上海浦东国际机场是世界三大机场之一，与新加坡、釜山等国际离岸贸易中心相比，其硬件基础不亚于其他地区。

外高桥保税物流园区是经国务院批准的中国第一个保税物流园区，规划面积 1.03 平方公里，拥有近万家企业，是中国规模最大、实力最强的海关特殊监管区，已成为上海重要的国际贸易基地。作为我国第一个实施“区域港口联动”的试点地区，上海港保税区、出口加工区、港口和航运资源可同时享受。保税物流园区与高桥保税区依托“区域联动”和“入区退税”的政策功能互补、共同发展，成为东北亚跨国公司有色金属及其零部件的出口采购中心和进出口基地。外高桥港是上海港的重要组成部分，货物吞吐量正在逐年增加，是上海港的重要组成部分，连续多年成为中国最大的国际船舶吞吐量港口。

洋山保税港区是经国务院批准的中国第一个保税港区，规划面积 14.16 平方公里。由小洋山港区、陆域和连接小洋山岛与陆域的东海大桥组成。洋山保税港区作为上海国际航运开发综合试验区的核心功能区，是电信电子产品、汽车零部件、高档食品、名牌服装的集散地。目前，洋山保税港区税收、进出口均居全国第一，是我国 14 个保税港区中发展最快、生产能力最强的保税港区。

临港新片区位于大治河以南、金汇港以东、小洋山岛和浦东国际机场以南。按照“统筹规划、分步实施”的原则，南汇新城、临港装备工业区、小洋山岛、浦东机场南侧率先启动，面积 119.5 平方公里。到 2025 年，临港新片区将建立比较成熟的投资贸易自由化便利化体系，建设一批开放程度较高的功能平台，集聚一批世界级企业，区域创造力和竞争力显著增强，经济实力和经济总产出大幅提高。到 2035 年，临港新片区将建成具有较强国际市场影响力和竞争力的经济功能特区，形成较为成熟的制度成果，构建全球高端资源要素配置的核心功能区。

（二）区位优势

1. 港口优势

上海经济腹地十分广阔，具有建设自由贸易港的天然优势。上海港位于长江三角洲区域边沿，位于中国大陆海岸线的中部，地处长江东西运输通道和海洋南北运输通道交汇处，是我国沿海主要枢纽港，也是中国对外开放、参与国际经济循环的重要港口。作为世界著名的深水港，上海港的货物吞吐量继续多年保持世界第一。

上海自由贸易港位于长三角核心区。以上海为中心的 1 小时、3 小时和 5 小时经济圈是中国发展最快的经济圈。自由贸易港位于长江口，交通网络发达，可以通过水路运输延伸到内陆地区。它的经济腹地非常广阔。此外，上海南距广东，北距天津、大连、青岛、烟台、营口几乎是等距离，与日本、韩国、朝鲜、俄罗斯远东地区距离相近。与其他离岸港相比，上海自由港地缘优势得天独厚。

2. 地理优势

上海所在的长三角城市群是中国最大、最发达的城市群，也是世界第六大城市群。长三角陆地面积 10 万平方公里，约占全国陆地面积的 1%。然而，上海、苏州、杭州和无锡等地位列全国 GDP 前十名。全国百强县近一半集中在这里，有近百个工业园区，年工业产值超过 100 亿元。江苏 GDP 超过 1.4 万亿元，浙江超过 1 万亿元，上海超过 9 000 亿元。全球 500 强企业中已有 400 多家落户长三角，成为跨国公司最集中的地区。据不完全统计，长三角地区合同外资总额近 1 500 亿美元。同时，长三角地区也是国内大型企业最重要的聚集地。

（三）先行优势

上海有优先建设自由贸易港的基础。自 2013 年 9 月上海率先设立中国（上海）自由贸易试验区以来，积累了一些自由贸易试验区的实践经验。

在上海自由贸易试验区的洋山保税港区和浦东机场综合保税区的基础上建设自由贸易港区，按授权实施集约化管理制度，在有效防控港口风险的前提下，依托信息化监管手段，最大限度地取消或简化进区货物贸易管制措施，简化一线申报程序，实事求是。探索实施符合国际通行做法的金融、外汇、投资和出入境管理制度，建立和完善风险防控体系，将更有利于实现“百尺竿头、更进一步”的示范效应。

从国家战略的角度看，以建设上海自由贸易港作为改革试验区，是率先尝试、深化改革、扩大开放的重要举措，具有深远的意义。这一重大改革政策以制度政策创新为重点，以开放促进新一轮改革，以制度创新促分红，以提升软实力为重点，以下一个黄金十年为有力举措。上海自由贸易港的建设可以给上海乃至整个中国经济带来多重效益，引领中国经济的进一步转型发展。

（四）完善的金融贸易生态

上海金融市场发展有比较健全的证券市场、同业拆借市场、外汇市场、期货市场、黄金市场和房地产市场。它拥有较为完善的金融市场体系、金融机构体系和金融业务体系。到2020年，上海已基本建成与我国经济实力以及人民币国际地位相适应的国际金融中心，并正在建设全球性人民币产品创新、交易、定价和清算中心，加快建设全球资管中心，大力发展金融科技，基本形成国际化程度较高的多层次金融市场体系，集聚了各类重要金融机构，基本形成具有国际竞争力的金融机构体系，基本形成与国际先进水平接轨的金融生态环境。这充分体现了上海金融市场在全国金融体系中不可替代的地位，也为上海自由贸易港建设打下了坚实的基础。

目前，上海已基本建成在全球贸易投资网络中具有枢纽作用的国际贸易中心，优化了货物贸易、服务贸易结构，做大转口贸易、离岸贸易、数字贸易，加快形成进出口并举、内外贸并重的贸易发展新格局。同时，还集聚了众多高能级、强辐射的贸易型总部和功能性平台，形成了商品和要素自由流动、平等交换的现代市场体系和与高标准国际贸易投资规则相衔接的制度体系。

（五）体制政策优势

1. 制度框架基本建立

从制度上看，上海的管理体制更加规范和透明。近年来，上海加强制度创新，转变了政府职能，逐步建成服务型、责任型、法治型政府。上海还出台了一系列鼓励设立地区总部的政策。鼓励有海外实力的大型跨国公司在上海设立区域总部，鼓励和支持区域总部在上海设立跨国采购中心和物流中心。

此外，上海自由贸易试验区建设和浦东综合配套改革，使上海在外汇管理、调度、税收等方面更加自主，从而使上海经济升级成为可能，实现自由贸易港区向自由贸易港的升级。上海自由贸易港将通过区域辐射和产业集聚效应促进区域经济发展。上海自贸港优惠政策将迅速吸引国内外主要企业入园，形成产业集聚效应，促进上海及长三角腹地经济发展。

所以，上海自由贸易港建设如果迅速形成“可复制、可推广”的经验，将大大降低其他城市的勘探成本，促进其他城市的经济发展。上海自由贸易港的建立，也将鼓励许多城市推进自由贸易港建设。目前，重庆、舟山、广州、厦门和深圳等地也在规划建立自由贸易港。

2. 金融改革成绩斐然

金融改革是自由贸易区建设的核心之一，重点是金融自由化，包括利率和汇率市场化、金融市场产品创新、离岸业务、金融业开放、国内外投资等。通过上海自由贸易试验区的试点，我国金融改革创新的相关改革效果显著，试点政策旨在为各类投资者创造平等准入的市场环境，在风险可控的前提下加快金融体制改革创新，建立适当的外汇制度，实现贸易投资便利化。

基于此，上海自由贸易试验区金融领域的改革创新为上海自由贸易港发展战略提供了不可或缺的保障，金融改革的深化为离岸贸易的发展提供了更加有利的金融支持，也将推动我国经济发展进入一个新的高峰。

（六）“一带一路”优势

“一带一路”“丝绸之路经济带”“21 世纪海上丝绸之路”是习近平在 2013 年 9 月哈萨克斯坦和 2013 年 10 月印度尼西亚重要讲话中提出的区域发展战略。上海作为长江经济带的桥头堡，处于“丝绸之路经济带”和“海上丝绸之路”的交汇点，区位地理优势明显。上海亚欧大陆桥与太平洋航运的连接港是中国陆海双向开放的重要节点，也是沿“一带一路”建设的欧亚大陆和海上交通枢纽。

随着我国对外贸易进一步发展，商品交易量将大幅增加。由此产生的物流将部分由陆路进行，大部分由海路进行，这将促进上海国际航运业的发展。

从长远来看，上海自由贸易港是中国应对新的全球战略形势的重要举措。上海自由贸易港的创新重点是开放跨境服务业，这将是中国经济转型发展的新前沿。如果上海自由贸易港能够很好地抓住这一发展机遇，未来将为中国在全球多边贸易谈判中增加筹码。

（七）专业化优势

上海的专业服务支撑体系覆盖了金融、保险、会展、商务、航运、物流、旅游、法律、教育培训、中介咨询、公共关系、电子信息网络等领域。高度发达的服务业、持续的激励竞争体系和完善的服务业发展战略，是提高城市经济效益和经济实力的必然选择，也是发展开放型经济的重要条件之一。

近年来，上海围绕强化高端产业引领功能，把稳增长放在更加突出的位置，着力推进供需两侧同时发力、新旧动能加速转换、现代服务业和先进制造业共同发展，确保经济实现量的合理增长和质的稳步提升，大力培育集成电路、人工智能、生物医药、航空航天、智能制造、数字经济等新兴产业集群，着力发展新兴服务业、高端服务业、精细服务业、特色服务业，在城市治理科学化、精细化、智能化上下功夫，努力走出一条符合超大城市特点和规律的社会治理新路。

二、上海建设自由贸易港的劣势

（一）政府职能需要优化

1. 行政管理能力和效率有待提高

自由贸易港的管理体制不够统一和完善。该地区各部门之间的“业务隔离”导致了效率低下。由于各部门的运行体制和流程不同，即使各部门相互配合，也难以避免各部门工作重点和节奏不一致而导致的具体措施不一致。这给具体工作成本的增加带来了大量的协调成本和时间成本。不少企业提出，当地政府面临三大挑战：能否真正了解市场主体的需求，能否进一步改变具体的管理方式；能否实现跨职能、跨部门、高效的协作。

根据世界银行《2020 年全球营商环境报告》，中国营商环境便利度排名第 31 位。虽然比前几年有了飞跃，但仍然落后。这就要求上海自贸港继续以改革高地的意识，多维度、全方位、复合式地推进政府简政放权，以制度创新引领职能转变和体制改革。

相关部门的监管思路正在发生变化，监管能力亟待提高，各部委需要大力配合。六大服务业对外开放、暂停或取消投资者资格要求、建立负库存管理模式的新政策，意味着上海自贸港可能成为具有现实意义的自由港。

目前，中国的监管特区仍在执行“内关”政策，而上海自贸区则在执行“内外”政策，即开放边境线（边境线），安全有效地控制二线（与非自由贸易港的连接线），免除关税。如何在复杂的经济活动中设置防御壁垒，不仅可以使自由贸易港健康运行，而且对区域外经济也会产生负面影响，这是对有关部门监管智慧的考验。在对外开放和创新过程中，有时可能会超越上海保税港区管理部门的权限，这就要求其他部门做好协调工作。

另外，上海自由贸易港政策似乎得到了地方政府和高层领导的大力推动，但相关部门的共识还不够。虽然这可以理解为股权分置改革中不同群体之间的激烈博弈，但也可能反映出上海自由贸易酝酿过程中“块”（地方政府）与“条”（中央部委）之间缺乏沟通端口。如果这一点不能得到改善，上海自由贸易港的发展进程势必会遭遇挫折。

复杂的行政审批程序增加了上海自由贸易港改革的协调成本和时间成本。由于经济和投资准入管理的长期行政审批，不同地区、不同项目的投资准入存在差异，实施改革的协调成本和时间成本较高。

2. 政策实效评估机制单一

目前，我国自贸试验区建设普遍缺乏多元化的评价机制，政策执行情况难以量化和比较。一方面，政府主导的官员评价主要是基于终结性评价。例如，对上海自由贸易便利化水平的评价采用比较总体规划的方式，将总体规划的实施分为三个层次，即未实现目标、基本实现目标、完全实现目标、缺乏动态手段等，不利于政策的进一步推进和相应制度的创新。另一方面，缺乏对企业和行业自身的评价，也缺乏自由贸易港实施贸易自由化、投资便利化和金融国际化的实际效果的评价标准和评价体系。

3. 监管环境有待完善

上海自贸区在监管模式上突出“一线放开”与“二线安全高效管住”“区内自由流动”相结合，但在通关便利化、区内货物自由流动和各部门协同监管等方面需要进一步优化。

（二）税赋较高，便利性有待提高

在企业税赋水平上，上海自贸区明显高于香港和新加坡自贸区。当前，跨国企业面临着激烈的全球化竞争，税赋水平对企业盈利有着较大的影响。例如，香港特区税收负担水平低，是吸引世界著名跨国公司聚集的重要因素之一。

目前，上海自贸试验区企业注册手续基本达到国际先进水平。工商登记一次性受理、注册资本认缴登记、年报公示制度已在首批许可证中实施，但企业税收负担仍然较高，企业仍有一定的经营范围限制，需要进一步提高税收便利性。

（三）片区管理亟待整合

目前，上海自由区分布在不同行政区域内的多个独立片区。各片区内部门之间也存在“业务隔离”，自贸区管理体系不够统一和完整，协同监管难以实现，所造成的效率低下问题十分突出。因此，上海自由贸易港未来的管理结构将更加复杂，管理部门也更应统一。

（四）信息平台有待完善

上海自由贸易港的开放不受物理空间的限制，但是，上海自贸区跨区域信息化建设滞后，信息跟踪管理能力相对不足。此外，不同部门实施的数据和信息标准格式不一致，大大降低了跨部门信息合作的有效性。据企业反映，上级部门对本部门信息平台的运行现状了解不够透彻，部分数据信息系统长期未更新，在报告表格中填写时偶尔会出现“僵尸网络系统”，这可能导致一个新的“信息孤岛”。

为了使现有的信用信息平台在信息互联、更好地为企业服务方面发挥更大作用，不仅要收集市场所辖有关部门的现有信息，而且还要进一步收集上海中央单位信息。构建跨自由贸易港商务信息平台，实现跨区域信息联动迫在眉睫。

（五）“高精尖”国际化人才短缺

建设上海自由贸易港的目的之一就是人才国际化。随着大量国际机构落户上海，高端人才的短缺进一步加剧。目前，具有国际背景和视野、熟悉国际规则、具有较强创新意识的“高精尖”人才严重不足。如何培养、引进和留住国际顶尖金融人才已成为亟待解决的问题。

人才引进的主动权是全社会的领导者和创造者。人才在区域发展中起着基础性的引领作用。各方面人才引进是自由贸易港发展的动力。自由贸易口岸人口和劳动力跨境流动频繁，自由贸易口岸出入境和就业范围需要更高的自由度。上海自贸港区今后也需要改善外国人才入境签证和就业的便利化程度。

（六）法制体系有待完善

政策支持的完善的法制体系是自由贸易港口蓬勃发展的有力保障和支撑，而上海自由贸易区的法制体系建设尚不完善，在一定程度上制约了自由贸易港口向自由贸易港口的转型。上海自贸港是基于深化改革需要而成立的“试验田”，其法制体系与国际先进水平相比有较大差距。国际上针对自贸港都有专门的立法，明确规定自贸港的性质和法律地位。

因此，一个完整、健全的权益保护机制至关重要。在相应的商事纠纷仲裁和诉讼案件中，上海自贸试验区缺乏强有力的法制体系，这大大降低了上海自贸试验区对外资企业的吸引力，不利于向自由贸易港的转型。

（七）投资自由化与国际先进水平有较大差距

上海自贸区在投资准入方面已经实施负面清单管理，但负面清单所列项目有待进一步简化。现已公布的负面清单是概念性和形式性的，基本上遵循现有的制度政策，缺乏实质性突破，负面清单没有像外商所希望的那样开放。自贸区内企业境外投资管理制度改革尚处于起步阶段，境外投资备案管理已经开始实施，但跨境投资管理制度、促进体系、配套服务体系都有待进一步建立和完善，在反垄断和国家安全审查领域的监管方面有待进一步提高。

（八）金融自由化水平较低

金融自由化是上海自贸区与国际先进水平差距最大的领域。由于目前人民币在资本项目下仍受到严格管制，上海自贸区在融资便利、汇兑自由、人民币跨境使用、放开利率、外汇管制等方面需要进一步放开，逐步推动金融创新，同时要做好金融机构监管和金融风险防范工作。由于我国目前的金融体系仍然相对脆弱，资本账户的开放可能导致国内资本大规模外流，资本的自由流动将增加上海自由港遭受外部冲击的可能性。

（九）贸易自由化水平有待提升

上海自贸区已经启动“先入区、后报关”“分送集报、自行运输”等模式，免于常规海关监管，区内取消了进出口配额，但在通关效率、货物分类监管、港区联动等方面仍需进一步提升。在航运服务、结算汇兑、贸易融资等贸易服务体系和贸易促进政策方面还需要进一步优化。

（十）自然人自由流动有待改善

自贸区人口和劳动力跨国流动频繁，自贸区范围内出入境和就业需要具有较高的自由度。目前，上海自贸区对外国人入境和就业仍存在较为严格的限制。一般而言，国际上成熟的自由港，在人口流动和劳动力流动方面拥有很大的自由性与国际性。这样国际化人才才能流动便利，劳动力资源配置才具有较高的流动性。同时，上海自贸区内户籍制度与人口自由流动等方面改革还有待加强。

第七章　上海自由贸易港发展战略

第一节　上海建设自由贸易港的战略步骤

一、上海自由贸易港建设的筹备

（一）上海自由贸易港建设筹备的过程

2017 年 2 月 13 日，上海市发展和改革委员会领导表示，上海自贸区将在洋山保税港区和浦东机场综合保税区的部分地区，对标国际上最有代表性的自贸区或自由港，实施新的自贸区或贸易便利化程度最高的自贸区，如新加坡和迪拜，建立高水平自由贸易港的监管政策和机制。在此之前，政府部门做了很多前期工作，涉及相关法律法规、相关部门规章制度，以及上海地方法规的调整，以吸引更多的外资企业，为上海自由港建设奠定了一定的基础。

2017 年 3 月 31 日，国务院同意按照国际最高标准，实施更高标准的“一线自由化”和“二线安全高效控制”的贸易监管体系，在洋山保税港区和上海浦东机场综合保税区的基础上建立自由贸易港区，在确保有效防控港口风险的前提下，要实现监管手段的信息化，简化甚至取消对进入自贸区货物的贸易管制措施，进一步简化一线申报程序，探索实施国际通行的金融、国际贸易、外汇、融资、投资和出入境管理制度。

2017 年 5 月 15 日，上海市政府新闻办公室宣布，根据国务院批准的规划框架，由上海市发展与改革委员会、上海市商务委员会、上海市金融服务办公室、上海市口岸办公室等部门共同推动自由贸易港区建设规划。

2019 年 7 月 27 日，国务院发布实施《中国（上海）自由贸易试验区临港新片区总体方案》，要求临港新片区以国际公认的竞争力最强的自由贸易区为目标，选择国家战略需求、国际市场需求旺盛、对外开放的区域。在其他地区尚未具备实施条件的重点领域，实施具有较强国际市场竞争力的开放政策和制度，加大开放经济的风险压力测试，实现新区和境外投资便利化，努力实现货物自由进出、资金流动便利、交通高度开放，人员自由流动，加快产业和信息联系，创建具有国际市场影响力和竞争力的经济特区，积极服务和融入国家重大战略，更好地服务于对外开放的总体战略布局。

（二）上海自由贸易港筹备初步进展

目前，虽然海南已获批内地首家自由贸易港，但是上海仍处于率先探索自由贸易港建设的梯队之中。上海市有关部门也已初步形成自由贸易港建设的规划。经过三年的改革和探索，上海初步奠定具有一定规模自由贸易港区。此外，还加强了与其他自由贸易港在港口、航运、物流等领域的合作与交流。

上海还拟在国家授权下实行集约化管理制度。在港口风险得到有效防范和控制的前提下，依托信息化监管手段，最大限度地简化甚至取消货物进入上海自由贸易港的贸易管制措施，最大限度地简化一线申报手续。这更有利于上海自贸区金融、外汇、投资和出入境管理体系建设，有利于风险防控体系的建立和完善。

根据上海自由贸易港初步建设规划，与之前建设的保税区、进出口加工区和自由贸易试验区相比，开放程度进一步加深。上海自由贸易港的建设主要借鉴新加坡、迪拜等国际惯例，实行类似于“境内关外”的“一线自由化、二线管理、区域内自由化”政策。其中最大的突破之一，就是对自由贸易口岸的进出口关税采取优惠措施，以满足国内消费升级需求，增强出口竞争力。

上海自由贸易港建设是国家战略，是以自由贸易试验区建设为基础的创新和突破，是上海从全球视角深化改革开放、优化资源配置和整合的重要探索。今后，政府监管模式和企业生产模式将有重大突破。许多行业将由现行的生态许可制度向备案制、免检制转变，有利于上海实现更高层次的物流、商务、信息、资金、人才自由高效流动，促进上海经济转型发展。

上海自由贸易港的建设，将对保税区的加工贸易、转关贸易和出口贸易产生积极影响，港口、物流、仓储、金融等相关行业将迎来利好消息。

如今，自由贸易区和自由贸易港的建设已成为全国各行各业普遍关注的热点话题。在自贸区和自由港的推动下，2020 年，中国服务贸易出口额突破 4 万亿元，形成一个巨大的可分享的红利蛋糕。从结构上看，运输、旅游或是最受益行业，涉及相关地域的交通运输、商业贸易、文化传媒、房地产板块的上市公司。自由港建设方案是上海自贸区重点工作之一，今后仍将进一步深化；国家对上海自贸区可复制、可推广的要求，使得自由港话题继续在全国自贸区范围内推广和扩散。

（三）上海自由贸易港建设的要点

1. 加强管理体制机制创新

自由贸易港是对外开放的最高风险试验区，是开放创新的改革试验区，是“一带一路”服务国家的国际先行区。这就决定了它既是“特区”又是“试验区”。

因此，在国家授权范围内，上海可以进一步顺应国际模式，增强自我革命的决心和勇气，加快职能转变，在保证风险可控性和安全性的前提下，大胆突破和自主改革，要以“放手”为最大“抓手”，探索实现区域内无条件进入一线、登记备案、免予认证、试行，最大限度地取消或简化区域内各项管控措施。

通过引入合格假设和非侵入性监测的概念，引入市场机制，实施第三方接受甚至多方接受，可以最大限度地减少对市场参与者经济行为的干扰。

要用“精确布控”代替“综合防治”。在“一线放开”“二线安全高效管理”的监管模式下，进一步探索并实施符合国际惯例的风险管理体系，注重国内相关部门与国际港口的信息共享，建立健全精准的风险防控体系。

2. 加强部门服务的协同整合

上海等 21 个自贸试验区为中国自由贸易港的建立积累了丰富的经验。但就目前情况来看，海关、物流、检验检疫、边防、海事等口岸管理部门和查验单位，以及规划建设等相关部门协同服务上，仍然需要不断磨合。

在建设自由贸易港的过程中，有关部门要以服务和促进自由贸易港区建设水平的提高为出发点，加快整合力度，不断创新功能，创造高效便捷，科学监管，安全规范，资源共享，服务型部门有序步伐，不断优化服务环境，推动政府服务高效和精准。

要以业务平台为基础，加快部门职能整合。如港口运输物流平台建设、国际物流服务平台建设、航运服务贸易平台建设、大宗商品交易服务平台建设、江海陆路联运网络平台建设、港口海关一体化平台建设等，在这些平台上整合各部门的功能。

各部门的协调整合还需要适应港区功能不断拓展的需要，在保税加工、保税仓储、货物中转、商品展示、离岸金融和商业服务等综合功能拓展过程中实施动态调整。

3. 在人员和资金流动便利性方面取得重大突破

在自由贸易港建设方面，我国货物便利化改革较快，但在人员和金融流动便利化方面，由于改革难度较大，改革步伐进展缓慢。金融改革的难点在于服务业与制造业的本质区别。自由贸易港金融业要重视风险管理理论和技术在管理中的应用，利用大数据、云计算、物联网、人工智能等技术，依托信息化监管手段，确定负面清单和重点监管对象，准确有效守住底线，增强风险防控水平。

在人才自由流动方面，可以大胆创新，实行更加积极、更加开放、更加有效的人才政策，为自由贸易港集聚海内外人才提供坚强有力的保障，让各类人才在自由贸易港各展其才、各尽其用，打造创新活力迸发的海内外人才高地。

4. 注重学习先进经验

借鉴国际先进经验，可以避免自由贸易港发展的弯路。不同的自由贸易港有不同的风格和特点。香港和新加坡的综合自由贸易港，汉堡、德国、釜山自由贸易港区，迪拜、UAE 和鹿特丹的荷兰港都有其鲜明的特色，许多成功的经验值得学习和复制。例如，香港自由贸易港的建设得益于其自由港经济政策体系，包括不干预政策、直接干预政策和临时干预政策。因此，有效地保障了区域贸易自由、金融自由、人民准入自由、投资自由和商业自由。

政策创新要注重制度建设。例如，新加坡自由贸易港非常重视基础设施建设。先进的基础设施保持了新加坡自由贸易港高效的物流水平。许多国际物流公司在新加坡自由贸易港设立了全球或地区总部。

因此，中国的自由港建设还应着眼于与相关国家的合作，推进港口建设、物流园区建设，大力吸引外资企业设立办事处，开展大型国际合作论坛，推动铁路海运、铁路运输、江海运输等领域深入合作。总之，中国的自由贸易港建设要充分借鉴世界经验。各地方政府不能冒进，不可一蹴而就，要苦练内功，由沿海、沿江向内地依次推进。

二、上海自由贸易港筹备阶段的战略步骤

（一）扩大上海自贸试验区改革自主权（2019—2021 年）

扩大上海自贸试验区改革自主权，就是要着力提高自贸试验区建设质量，规范国际先进规则，加强改革措施和制度的整合，鼓励地方政府大胆尝试、大胆突破、自由改革，形成更多的制度创新成果，进一步突出全面深化改革和扩大开放试验。

自由贸易试验区是我国新时期改革开放的高地，吸取了香港、新加坡、伦敦、鹿特丹等国际自由港的先进做法。通过试错和积极探索创新，为我国全面深化改革开放、服务国家战略作出了巨大贡献。这主要体现在以下几个方面。

1. 转变政府管理理念和职能

自由贸易试验区推动了我国各级政府管理理念和职能的转变。自由贸易试验区的实践领先于其他地区，给我国政府的管理和服务带来了新的思路。

从以往政府注重事前审批到事后监管，政府职能重心也开始从投资建设转向服务监管。这使得市场在资源配置中发挥更为决定性的作用，政府同时也可以发挥更好的作用。努力推进政府简政放权建设、分权整合和服务优化改革，将进一步提高政府工作效率，特别是政府外商投资管理体制改革。此外，它不仅可以扩展到自由贸易区，而且还可以扩展到整个国家。

2. 加快我国对外开放的进度

中国已通过负面清单的形式，探索如何在自贸试验区扩大和深化开放，特别是在金融、法律、贸易、商务等相关领域，自贸区的建设也给内地带来了很大程度的开放。

3. 推动国家战略的快速实施

上海自贸试验区建设是一项国家重大战略，是推进改革开放和创新发展的重要载体，是面向未来发展的重要战略空间，在推进全方位高水平开放等重大战略任务中，承担着特殊使命。

今后，自贸区将继续以制度创新为重点，在深化改革开放中进一步探索，加强制度创新体系的整合，解决制度创新的碎片化问题。自贸区在制度设计上要注重制度整合，推动不同领域改革的制度创新。探索自贸区与各部委、自贸区各部门和上级地方政府部门、自贸区和自贸区内各职能部门之间的壁垒联系，进一步增强制度创新的完整性、系统性和有效性。

上海自贸试验区将探索更高水平的对外开放。结合自贸试验区未来发展需要，进一步探索实施更简短的负面清单。同时，探索如何将中央部委相关权力最大化纳入自贸试验区权力清单，大大精简部委审批程序与手续，破除现有开放中大量存在的“玻璃门”和“弹簧门”，真正让外资企业“准入”和“准经营”。

上海自由贸易试验区将进一步创新贸易监管体制，进一步探索创新贸易自由化便利化体系，不断优化监管措施，加快有效监管协作，完善国际贸易“单一窗口”，加快发展贸易功能和新型贸易。首先，将讨论国际敏感问题，关注国际社会高度关注的政府采购、竞争中立、环境标准、劳动标准、国有企业、知识产权等敏感问题；其次，要探索自贸区整体发展战略，为对外开放的制度性谈判做好准备。

上海自贸试验区要加快临港新片区建设，在更深层次、更广领域、更大力度推进全方位、高水平的对外开放，支持更高层次的对外开放，形成开放型经济新势头，提升产业核心竞争力，推进多功能发展，集聚创新创业和生活服务要素；坚持以人为本，提高城市服务质量，努力把新区建设成为具有国际市场影响力和竞争力的特色经济功能区，建设开放创新、智慧生态、产城融合、宜居产业的现代化新城。

（二）推动上海自贸区与港区资源整合（2021—2022 年）

在上海自贸试验区范围内的洋山保税港区、上海浦东机场综合保税区和临港新片区等特殊区域，推进自贸区与临港区一体化，实行“一线开放”与“二线安全高效管理”，建立健全风险防控机构。除需要市行政机关统一协调管理的事项外，对特殊地区的行政机关，在经济调节、行政审批等方面，依法授权或者原则委托其行使职权。在一些关键领域和环节，还需要进一步改革，海关、出入境等口岸管理机构的监管方式有待推广，在投融资便利化、资本项目可兑换等金融体系方面需要新的突破。

自由贸易区已经存在，但自由贸易港也是必不可少的补充。因为自贸区在货物贸易便利化方面取得了许多新进展，但服务贸易领域仍有许多未实现的领域。上海自贸试验区的政策需要在短时间内被其他地区复制和推广，但同时也要在提高效率的同时防范对外开放的负面影响。最重要的潜在风险主要集中在金融领域。在建设自由贸易港方面处于两难境地，即要改革，就必须承担风险。由于风险的存在，对改革本身存在诸多限制，这将减缓改革的步伐，但也应参与全球化的竞争和全球资源要素的竞争，加快改革步伐是当务之急。

在这种进退两难的情况下，应该把这两项任务分开。自贸区建设要按照开放型大国的要求，继续进行可复制、可扩展的政策改革，进行先行先试。自由贸易港建设，要直接适应世界最开放经济的要求，积极参与全球资源配置和要素竞争。

如果“二线”能够得到有效管理，那么“一线”就可以更加大胆，在更高的层次上对外开放。在此背景下，在上海自贸区的范围内，可以划出一定的自由港试验区域，从而使自贸区建设的规划更加完善。

（三）推动自贸区 3.0 升级（2022—2023 年）

建设上海自由贸易港，必须依靠监管模式的转变，适应国内外新形势，依靠制度创新的要求，对照国际标准，适应跨境竞争的新形势，依靠港口和航运的发展，最终实现货物、资金、人员的自由流动，实现港区的实质性融合以及管理、贸易、金融、投资、经营的自由化机制。

上海自贸试验区运行七年来，新的机遇和挑战摆在面前。如何成为开放创新融合的综合改革试验区、开放经济体制的风险压力试验区，增强政府执政能力，服务国家“一带一路”建设和推动市场主体的先锋领域。“三区一堡”建设是国家对上海自贸区的新的更高定位。上海自由贸易试验区坚持以制度创新为核心的原则。在诸多领域进行了大胆尝试、大胆突破和自主改革，建立了负库存管理体系、符合贸易便利化规则的贸易监管体系、适应更加开放环境、有效防范风险的金融创新体系和政府职能转变，注重事后监督制度，成效有目共睹，许多创新成果在全国复制推广的初衷已经实现。

站在新的更高起点上，上海自贸试验区能否在制度整合、标准全面开放、政府职能进一步转变等方面取得重大突破，而不断扩大内外联动效应是实现 3.0 版升级的关键。推进上海自由贸易港建设，要做到以下几点。

1. 优化营商环境，提升国际竞争力

未来的竞争是营商环境的整体竞争，而良好营商环境的关键在于政府效率的提高。建立适应市场经济规律和治理能力现代化要求的政府管理体制，必须明确自由化、管理化、服务化的边界，坚决放宽市场自律可以解决的问题，对事后可以监督的事项，不设预审程序，及时发布和集中各类政府信息，精简机构，减少岗位，综合执法，鼓励第三方机构参与市场监管。

进一步提高相关政策的透明度、准确性和推广性，不断完善政策试点地区的评价标准和操作程序，做到公开、公正、透明，在具体政策操作中注意分类政策，建立全产业链、全企业生命周期的政策优化机制体系。将部分“点”上创新政策逐步向“面”上拓展和推进，加强对企业的政策宣传引导机制。

浦东新区作为上海自贸试验区的载体和全球科技创新中心的核心功能区，应在政府管理体制创新方面取得更多突破。为了实现真正的一体化，浦东新区政府应自主设计新的管理体制提升其主体责任地位，使浦东新区由“辅”向“主”转变。

公平、公正、健康有序的营商环境离不开法治的护航。上海自贸试验区成立7年多来，自贸试验区的范围不断扩大。同时，新的任务和要求接踵而至，自身的实践也在不断发展，这也需要一个更加完善的法律环境。应尽快将修订和完善自贸试验区条例提上议事日程。上海也应为国家层面的自由贸易区立法作贡献。没有统一的自由贸易区法，就可能出现各自为政的局面。上海作为最早、实施时间最长的自由贸易区，在实践中遇到了许多问题。上海可以加强立法调查，形成比较系统的立法建议，尽快推进国家层面的立法，为中国自贸区制度创新法制化作出积极贡献。

上海自由贸易试验区3.0版提出建设“自由贸易港”，并进一步调整相关法律法规，使自由贸易港区改革试点立法先行，就显得有法可依了。

2. 对外开放扩大联动效应

上海自由贸易试验区被视为中外互联互通、内外联动的良好载体。试验区与上海国际金融中心和全球创新中心建设相衔接，而浦东新区肩负着服务国家“一带一路”建设、推动市场主体走出桥头堡的重要任务。

自由贸易账户只在上海自由贸易试验区实施，这是其独特的优势。在自由贸易试验区，要率先打破部门壁垒，建立政府部门之间的信用信息共享体系，包括企业的业务经营和信用数据、金融机构的信用信息数据和个人消费信贷数据，开放数据共享，为自由贸易试验区和国际金融中心的融合发展提供数据支持。

上海自贸试验区扩区临港后，应该继续发挥包括外高桥保税区在内的原“核心区域”的作用。就现状来看，外高桥保税区已经失去原来作为贸易便利化试验区的唯一性优势，竞争力正在降低。应该深入调研分析保税区产业发展和升级的新增量数据，提出符合外高桥保税区和临港新城新一轮发展的完整扶持政策和配套服务体系。

建设上海自贸试验区应该要跳出地域性、封闭性，淡化特区意识，强化制度创新角色，实现海外国内双向开放，适时在“一带一路”沿线国家建立贸易代表服务机构，推广自贸区政策，同时也为上海企业“走出去”提供帮助。

部分“一带一路”沿线国家对基建的投资需求较大，而国内投资者出于对投资目的地安全性的担忧，期望能通过更丰富的金融衍生产品进行投资。因此，自贸试验区通过发行融资债券，推动建立大宗债券发行、股权投资、交易和流通的核心市场，为民间资本提供更多形式的投资渠道，帮助民间资本参与到“一带一路”的建设发展中，并探索“一带一路”沿线国家的企业和个人在上海自贸试验区开设自由贸易账户的可能性。

第二节　上海自由贸易港建设的主要策略

一、上海自由贸易港建设的主要抓手

自由贸易港是“一带一路”建设的重要战略节点，是成为贸易强国必须拥有的通道口岸，是中国全面发展新格局的重要着力区。上海探索建设自由贸易港是经济发展的重要一环。《中国（上海）自由贸易试验区总体方案》是试验区成立和建设的纲领性文件，在《总体方案》中，制定了金融、贸易、航运、文化、社会五大领域的开放创新政策，同时配套推出管理、税收、法规等五个方面的一揽子创新，旨在试验区内改造政府管理体制以推动各产业快速健康发展。

建设上海自由贸易港有助于中国更加主动地参与到推进经济全球化的进程中，探寻经济高质量稳定发展和结构转型优化升级，为了完善中国特

色社会主义市场经济体制积累经验打下基础。在全面建设小康社会的关键阶段，探索如何建设自由贸易港，传递出对外开放政策绝不改变的信念。而且，这一工作将会在中国共产党的统一领导下稳步向前推进。这是建成全面小康社会的必经之路。

（一）探索试点差异化制度创新

各地的产业结构不尽相同，经济发展水平也不尽相同。要根据自己的特点，实行差别化改革。比如东北要发展，一个关键点就是改革。浙江省舟山市正通过制度创新，推动石油产品全产业链。重庆深入实施西部大开发战略。在四川，可以建设内陆经济新高地。陕西要发挥“一带一路”节点城市作用，西安代表中国文化，积极开展与“一带一路”沿线国家的文化交流。

因此建设上海自由贸易港，要注重金融服务功能，从金融开放创新入手。此外，营商环境是经济发展软实力的体现，是国际竞争的制高点之一。上海自贸港建设需要探索改善营商环境的新途径，积累良好经验，率先营造具有国际竞争力的营商环境。

要特别注意联动机制的形成，包括上海自贸港与城市发展目标的联动、与一级政府职能转变的联动、与其他工业园区的联动、与城市重点发展产业的联动。这样，既可以丰富制度创新的差异化探索，又可以扩大制度创新在自由贸易港的适用范围，深化自由贸易港改革任务与政府组织的衔接。

此外，上海自由贸易港的建设也会对“一带一路”的发展带来辐射效应。“一带一路”的影响是走出国门，实现国内产业发展和国外竞争力明显提高。上海自由贸易港不仅需要高度的自由贸易能力，更需要高度的包容体系。它可以成为连接世界各地的“经济纽带”，最大限度地减少区域边界对资源优化配置的制约，形成完整的共享经济模式，加快“一带一路”建设。

因此，从战略高度看，上海自由贸易港可与“一带一路”政策相互呼应、相辅相成，共同促进中国经济的可持续发展。处理好上海自由贸易港建设，不能简单地放弃对自由贸易港的监管，而是要努力最大限度地发挥贸易的便利性，这主要体现在对“一线放开、二线安全有效管住”（“海关后撤”，自由港成为“境内关外”）上考虑问题。自由贸易港的试水，应注重是否可以完全实现一线放开的政策和一线放开后如何有效实现监管的目标。

同时，在界定自由度方面，重点探讨如何使企业登记更加高效、公开，甚至取消设立登记条件。在金融自由方面，要采取积极稳妥的机制，经有关部门授权，考虑发展离岸金融业务，推进资本项目可兑换、建立人民币国际服务体系等试点，放宽对外国人入境签证和就业的严格限制，为人才自由流动创造良好环境。

此外，还可以适当减少在华工作的外籍人士的许可证制度和签证制度。外国高层次人才可以参与创新创业，可以享受便捷的出入境和停留服务。

上海自由贸易港必须以制度建设为基础，最大限度地提高贸易便利水平，着力构建市场准入体系；必须始终找准自己的定位，否则上海自由贸易港将不可避免地陷入一定的困境。

（二）争取与周边港口进行协调与配合

周边港口与上海的资源分布和区域条件不同。上海建设自由贸易港的优势在于金融开放、服务贸易等，上海成为自由贸易港后，可加强区域合作，深化工业、金融、信息、科技、资源、政策等领域的综合合作，人才和基础设施尤为重要。上海要开展商品交易跨境结算，探索跨境人民币离岸业务，就离不开整个长三角城市群的支持。上海要主动在长三角地区建立统一开放的市场体系。

上海可与舟山共同推进洋山深水港建设和小洋山北部陆域综合开发，

进一步完善上海与舟山港口合作机制。舟山应注重建设亚洲重要的国际海事服务基地，以深化与上海自由贸易港的全面对接与合作。如今，整个长江三角洲港口群也在崛起。江苏省正在着力“沿江发展”。苏州、南京、南通等地提出了建设港口和物流基地的战略规划。上海港和江浙港通过资源整合，自发地避开了地方保护思维，实现了有效协调与合作、优势互补、合作共赢、共同参与国际竞争。

（三）发挥上海自由港作为开放型先行试验平台的作用

上海自由贸易港作为新开放经济体系试点的平台，主要功能是整合保税区和港口的资源优势与政策优势，与最高的国际标准保持同一水平，充分发挥“一线放开”的贸易便利化体系，二线安全高效管理，区域内自由流通，创新红利，培育新的贸易业态和新模式，提高贸易自由化便利化水平，加快贸易转型升级，增强全球航运资源配置能力。

上海自贸港将严格按照主体功能培育要求，发展航运金融、贸易金融、外汇管理、支付结算、自然人（专业人员）出入境便利等功能。最重要的是，上海自由贸易港要实现机制创新和制度创新。自由贸易港区建设的主要工作是突破体制性壁垒，进行必要的制度设计，最大限度地便利贸易，使用最新的管理工具和技术，理顺与贸易有关的程序和行政困难，降低经营成本，提高市场交易效率。

上海保税港区建设将从中国国情和港口实际出发，完善相关政策，创新管理体制，筛选监管方式，研究运行机制，从而最大限度地发挥保税港区高开放、高自由的特点，充分发挥保税港区的功能。

在功能体系设计上，既要满足港区经济和区位条件，又要体现保税港区先行先试的政策优势，最大限度发挥港区对区域经济发展的促进作用。上海自由贸易港的主要产业应选择具有较高国际发展水平的“创新产业”。例如，高端制造业包括智能制造业、现代服务业、战略性新兴产业等技术含量高、处于价值链顶端的产业。传统产业可向江浙等周边省份转移。一旦条件成熟，这些产业将产生“溢出效应”和“示范效应”，刺激周边乃至全国和“一带一路”沿线国家的经济发展。

在这一特定试验区域内发展贸易，无论是货物、资金还是人员都能自由进出，绝大部分商品免征关税，实行着真正意义上的“境内关外”管理模式。

在“境内关外”的管理模式中，上海自贸区的“关外”应该是一个比喻，主要是从进口的角度来看，这种表述是在一定范围内“视为海关之外”的。“一定范围”主要是指关税和其他税费的征收，而自由贸易口岸的“关外”主要是指“关税征收的例外”，即关税免税区。作为一个新的开放高地，可以为周边地区提供更好的管理经验，积极发挥主导作用，进一步提高我国自由贸易投资便利化水平。围绕着基本的货物贸易所展开的“境内关外”自由监管模式将稳步推行，货物流通的方式将更加便利。

除了探索发展航运、物流、贸易、进出口加工等常规活动外，还要尝试新的业务领域，突出创新业务，积极发展离岸业务和现代服务业，千方百计吸引跨国公司服务外包活动，加快港区及相关地区产业升级。此外，航运企业的外部融资环境、人才环境、税收环境和航运服务环境将得到明显改善。随着国内港航企业国际竞争力的不断增强，未来中国港口和航运企业必将在国际市场中占有一席之地，在国际航运界的话语权也会有所提高。

因此，上海自由贸易港区的核心在于自由化及便利化。要通过经济和行政手段，为该地区的自然人和专业人员在商务、通关、检验等方面提供便利，促进相关产业发展，加快国际金融贸易中心建设进程。

（四）继续深化航运企业改革，优化我国航运制度

航运政策主要是指各国为发展航运业而制定和颁布的有关政策，在有

效控制的范围内，通过适当的方法，对航运业务活动进行规范的行为准则。因此，为进一步推进我国航运业深化改革，激发市场活力，有必要制定协调的航运政策。

上海自由贸易港的建立对我国的航运政策产生了明显的有利影响。一是有利于航运业服务业的快速升级，极大地帮助上海快速成为国际航运中心；二是上海自贸港在船舶注册、离境退税等航运政策方面进行了重大创新，有利于形成学习借鉴的经验，推动我国整体航运政策的创新；三是《实施意见》提出了支持创新机制、完善航运发展基金等一系列航运支持政策，体现了我国对提高航运软实力的重视。

在不久的将来，中国要实现从航运大国向航运强国的转变，最重要的就是提高航运软实力。上海自由贸易港的建立，给我国航运体系带来了突破和机遇，形成了独特的发展趋势。在上海自由贸易港，所有外国投资者都可以成立一家专门从事进出口国际运输业务的船舶管理公司，这也促进了整个上海自由贸易试验区对外开放政策的实施。

我国的沿海运输开放和控制权政策主要是以沿海运输控制权为基础，结合我国航运业的发展趋势，并根据有关要求和规定，采取开放部分沿海运输权的政策，我国已逐步完善了相应的沿海捎带业务体系。自由贸易港的沿海捎带业务政策是基于我国航运立法的顶层设计的。结合沿海开放可控的运输方式，综合考虑经济效益、海洋环境、船舶登记等因素，从而制定出详细有效的沿海捎带业务运输经营政策。

在加强沿海运输权控制的过程中，上海保税港区也构建了灵活开放的沿海运输权政策体系。此外，上海在自由贸易试验区还采取了有限推广离境口岸退税政策的措施。在这一成功的基础上，中国其他沿海地区也需要实施这一政策。由此可见，离境口岸退税政策并不是一个普遍适用的税收制度。上海自贸区之所以能够实行这一制度，就在于其国际航运中心建设之间的必然联系。

（五）全力发展航运产业的融资手段

在自由贸易港建立之前，我国航运服务业还不够完善，导致船舶融资发展滞后。目前，国内大多数银行都设立了航运金融部门，并开展了部分船舶融资业务。然而，我国航运企业仍然主要依靠传统的贷款方式，船舶融资业务缺乏真正意义上的融资。船舶融资有其独特的特征，涉及船舶登记、船舶检验、船舶价格评估等多个环节。

目前，我国航运服务业主要集中在货运代理、船舶代理等低收入行业，而船舶价格评估等高端行业竞争力非常缺乏，这导致我国航运融资业的发展非常不利。另一个原因是，由于中国的外汇管制，很多国际航运企业在通过中国进行资本配置的过程中，必须有一定的限制，所以只能通过设立离岸账户来解决这个问题，但这不仅会徒然增加交易成本，也背离了大公司在当地设立清算服务机构的预期。

因此，必须抓住上海建立自由贸易港的契机，不断完善金融服务模式，提高我国航运金融业结算的便利性。为提高航运融资的便利性，利用自由贸易试验区放开外汇管制的时机，建立了中国大型航运企业资金管理中心和业务结算中心。

然后，在人民币结算方面，国内有条件的商业银行利用上海自由贸易港的便利条件加快研发，结合整个航运业的结算特点，提高结算便利程度。由此可见，我国商业银行应抓住上海建立自由贸易港的有利时机，与国际航运企业合作，在航运金融结算和融资方面取得长足进步。

（六）发展外高桥港区和临港新城形成集中的高科技产业园区

在临港新一轮开发建设中，必须突出“加快建设制造强国，推动我国产业向全球价值链中高端发展，培育一批世界级先进制造业集群”，在国家战略的准确布局中找准定位。作为长三角世界级城市群的核心城市，上海是国际经济、金融、贸易、航运、科技创新中心，并将继续建设成为全球优秀城市和具有世界影响力的大都市。

上海自由贸易港的建设是城市发展的重要组成部分，临港新片区在这一过程中发挥着重要作用，重点发展临港经济。临港经济是指以港口城市为载体，以港口和邻近地区为中心，完善综合运输服务体系，发展港口配套产业，促进区域经济快速增长。

作为上海自贸试验区的新片区，临港是上海国际贸易中心和航运中心建设中的核心区域，也是建设中具有全球影响力的科技创新中心。临港作为主要承载区，未来将成为上海乃至全国的国际制造业高地之一。

上海自由贸易港的建设要综合港口周边地区的战略、组织、体制、产业集聚和环境优势，形成综合竞争优势。要抓住自由贸易港的重要机遇，积极研究和谋划，在规划中最大限度地整合工业城区，进一步打造临港整体特色和品牌，把临港作为上海的一面旗帜向全国推广。临港应率先推进自贸区改革创新的制度成果，营造良好的营商环境，积极落实科技创新中心主体和新城建设的制度保障。

作为自贸试验区的核心区域，外高桥已经启动了三个功能项目。一是在市区建立进口货物直销中心，在自贸试验区建立“进口汽车交易平台”，力争建立进口汽车展销中心。二是港区引进的其他产业只是研发制造业。中兴通讯、中电等龙头企业与张江集团合作开发临港产业，在该区域建设中兴港区科技园，努力打造一批研发创新板块。三是张江集团在港区规划建设了“张江科技港”，定位为科技研发、创新创业的集聚区。

（七）加强长三角各类功能区与自贸港区协同发展

长三角地区各地大量分布着各类改革示范区、跨境电商综试区、高新科技园区、经济开发区等功能区。作为我国渐进式改革开放的重要载体，是各种制度试验创新的平台及经济转型升级的有力依托，其地位、功能、作用与上海自贸试验区相似相通，当前以其为载体对接上海自贸港区，推动二者协同发展，是结合长三角经济一体化发展的历史经验和现实基础的必要且可行性选择，这既有利于加快长三角地区各自贸区改革及制度推广进程，推动上海自由贸易港建设的进程，又有助于各类功能区自身的转型升级。这是一种基于以溢出效应的中心开花战术，扼住长三角一体化发展要害部位，辐射引领各级各类改革示范区、高科技园区、经济开发区并发挥其窗口、示范、引领和带动作用，必将推动我国经济的成功转型。

目前，在我国主要包括经济技术开发区、高新技术产业开发区、工业园区、科技园区、边境合作区、出口加工区、保税区、保税港区、综合保税区、保税物流园区、跨境工业园区这 11 种类型。其中，出口加工区、保税区、保税港区、边境合作区属于“海关特殊监管区域”，按规定视同国家级开发区。尽管类型不同，但其本质都是依赖特定地理空间选择性地实施经济政策以实现设定的目标。就上海自贸试验区而言，它并非一个单独划分出来的整体区域，而是由 4 个海关特殊监管区组成，分别是上海外高桥保税区、外高桥保税物流园区、洋山保税港区、浦东机场综合保税区。可见，上海自贸试验区是依托原有海关特殊监管区域的当前开放程度最高的园区形式，但其“试验”性质又表明与国际通行标准下的自贸区尚有差距。

因此，在综合不同类型改革示范区、经济园区发展优势的同时，强调根据各自禀赋条件和比较优势发挥战略载体作用。比如，自贸区的改革与开放政策直接相关，其经验成果最易于在海关特殊监管区域平移；而海关特殊监管区域外的其他类型经济园区，特别是经济技术开发区与高新技术产业开发区在长期发展中积累了与自贸区改革创新不同的经验教训，二者可以相互借鉴。

改革示范区、经济园区则可以结合自身条件优势对接自贸试验区经验，边行边试，放大自贸区的创新示范、辐射带动作用。具体而言，经济园区的制度创新实践领先于其他经济地理单元，先行对接自贸区可以在较短时间内通过学习、模仿和创新提供直接或间接的动态反馈；其所形成的成熟经验在全国范围正式复制推广后，也会有一个反馈的过程。这些反馈的信息主要包括自贸试验区经验的适用性、有效性、操作性问题及未预料到的问题等，反馈信息在各参与主体间的及时传递、共享，可进一步完善自贸试验区的改革成果。

（八）凭借 QFII 的股权融资模式，建设船舶运输网络

目前，上海建设自由贸易港的最大优势是国内最完备的交易所、银行间市场和资本要素市场。因此，上海必将成为最大的人民币离岸中心。过去在没有自由贸易试验区的情况下，引导资本流入的应该是内地的资产市场，人民币资产只能通过贸易渠道或 QFII 渠道获得。但自由贸易港建成后，可以率先建立巨大的金融流通区和资产缓冲区，优化人民币全球流通路径，在风险可控的条件下，全面开放资本账户，相互渗透，双向投资，实现金融资源的全球最优配置，最终提升人民币国际地位。

资本项目管制自由化是上海自由贸易港建设的关键。预计在该地区，投资和贸易相关资金可以自由兑换，利率和汇率由市场决定。加快探索面向国际的外汇管理改革，建立与自贸区相适应的外汇管理体制。同时，允许符合条件的外国金融机构设立外资银行，外国金融机构与民间资本合作设立合资银行。

允许自贸区金融机构在境外发行债券，收回资金后可继续向区内企业放贷，突破现有存贷比限制。同时，要转变自贸区企业外债管理方式，努力实现外汇资金集中运作，在此过程中建立全球资金管理中心。

上海自由贸易港金融发展前景广阔。首先，它将初步实现离岸金融和自由贸易的功能，如中国香港、新加坡、瑞士等。允许符合试验区条件的中外银行从事离岸业务。同时，还将考虑建立适当的渠道和管道，打通在岸市场和离岸市场，以实现有限的连通性，同时允许资金在一定范围或额度内相互渗透，建立单独的渗透型（先单向，后双向）金融市场。在可

控风险的基础上，最终形成与伦敦内外部一体化和全面渗透相类似的全球金融中心。

（九）规范发展金融保险市场，优化市场环境

在发展上海自由贸易港的同时，要规范和发展金融保险市场，完善相关制度，优化市场环境，重点发展离岸（保险）再保险市场，拓展保险和再保险业务的优势。

一方面，可以最大限度地吸引流失在境外的“中国概念”保险业务，吸引境外保险业务重组，发展中国国内保险市场；另一方面，原本进入海外贸易的企业入驻贸易试验区。因此，也可以集聚再保险业务，扩大再保险市场的规模。从新加坡的经验来看，其每年的境外保险和再保险业务约为境内保险和再保险业务的 8 ~9 倍，极大地促进了新加坡保险和再保险市场的发展。

因此，上海自贸区也应尽一切努力扩大再保险和离岸保险业务。上海自贸港要实现国内保险和再保险市场国际化，必须着力拓展境外保险和再保险市场，吸引大批境外国际保险和再保险机构落户，实现国内保险和再保险市场国际化。离岸业务国际化有助于促进保险市场体系的完善，逐步与国际市场接轨，通过投资海外离岸市场，提升在国际保险市场的地位，培养参与国际保险市场竞争与合作的能力，逐步在各项业务的价格制定上增加话语权和影响力。

目前，我国保险和再保险产品比较单一，缺乏创新，难以满足整个市场对各种风险保障的要求。上海要想成为国际再保险中心，必须以上海自贸区为试点，使其具备产品创新能力。由于新的保险和再保险产品风险较大，可以利用离岸保险和再保险市场作为上海自贸区的试点，先行推出并运营，积累实践经验。离岸金融业务的重要组成部分通常分为离岸保险和再保险业务。作为高度国际化的保险业务，严格按照国际规则运作，使其运行环境和系统符合国际标准，为上海国际金融中心和国际航运中心的形

成作出了贡献。

因此，上海自贸区离岸保险和再保险业务的发展，加快了上海自身离岸金融业务的发展，并在此基础上推动了上海国际金融中心的建设，也有利于上海成为国际航运中心。建立航运中心不仅需要海上保险的保障，而且由于海上保险本身的特点，对再保险的需求量也很大。因此，发展海上保险和再保险业务，可以极大地保障航运中心的建设。国际航运中心和国际金融中心的形成，对促进海上保险和再保险中心的全面发展也起到了相应的作用。

（十）扩展洋山保税港区功能，实现区港融合

洋山保税港区发展国际中转业务具有得天独厚的优势。

首先，它具有区位优势。其自然资源、劳动力、地理位置和环境决定了其特点，主要表现在优越的地理位置和港口特点。国际中转功能是衡量现代国际航运中心总体辐射范围和集聚能力的重要基准。

其次，洋山保税港区的建立使上海自由贸易港能够适应现代国际深水港的要求。再加上宁波—舟山港这一整体深水港的配套支撑，已经最大化地满足上海国际航运中心建设的要求。其次，洋山保税港区具有物流优势。长三角地区毗邻黄海、东海和长江，集“黄金海岸”和“黄金水道”于一体。上海还是中国东部沿海和长江口的交汇点，具有陆海交通优势。

最后，洋山保税港区具有腹地经济优势。经济腹地是与经济中心或中心城市相对应的概念。其内涵是经济中心吸收辐射能力能够达到并促进其经济发展的区域范围，一旦失去经济腹地，经济中心也将失去赖以生存的沃土。所以没有经济腹地，就没有所谓的经济中心。

上海国际航运中心的建立，主要依靠长三角和长江流域所有港口和航运资源的整合，从而极大地促进了长三角和长江流域的物质资源和工业资源，完美地形成了航运资源循环，整合了长三角地区的物质资源和工业资

源，并参与全球资源循环。

上海自由贸易港的建设需要洋山保税港区进行转型。保税港区的转型可以分为三个步骤：一是在现有保税区的基础上进行调整和改革；二是探索保税区与港口的融合；三是试点自贸港区。整合“港”与“区”的物理模型，为未来的实质性转型积累了经验和空间。建设和发展自由贸易区是世界各国为分享全球自由贸易利益、增强国际竞争力而商定的有效手段。只有把洋山保税区改造与自由贸易港转型结合，才能创造出具有与国际相同区域相竞争的软环境，实现集聚分散功能，成为长三角区域经济发展的先行者，更好地发挥洋山保税港区在服务上海国际贸易发展中的主导作用。

只有洋山保税港区建成真正意义上的国际自由贸易区，才能从根本上拓展国际中转业务，吸引原本需要通过境外第三国转移的国际流动，从而从根本上提高自身贸易额和产值，最终实现“港在港、区在港”的综合效应。只有建立完整的一套有利于自身增强国际航运市场竞争力的管理机制，才能够使洋山保税港区与世界上其他自由贸易区处在同一条起跑线上，公平公正地参与到国际航运市场的竞争。洋山保税港区的区位优势，大大增加了洋山保税港区发展国际中转业务的可能性。

综上所述，洋山保税港区具备开展国际中转业务的主要条件。如何充分利用洋山保税港区的独特优势，吸引更多的企业，把洋山保税港区作为国际贸易服务的中转站，从而促进港区经济发展，对上海在国际贸易中的地位和作用有着特殊的意义。

（十一）构建与国际科技中心、国际贸易中心、国际金融与国际航运中心功能相匹配适应的整体市场体系

上海自由贸易港的宗旨不仅是在上海建设国际港口，而且是在发展整个航运业的同时，促进国际贸易和国际金融业的发展，使上海成为真正的国际航运贸易金融中心，促进经济全面发展，推动经济向前发展。

因此，在上海自由贸易港建设中应考虑自由港模式的选择。加快建设中国特色的上海自由贸易港，不是简单地复制国际自由贸易港建设模式，而是以自由贸易试验区的经验为基础，把中国的政策与国际体系结合起来，并在产业功能定位、防范市场风险、国际综合服务等不同领域开展，提出一系列专项设计安排，特别是创新政策体系，突出试点和制度创新功能。

从多年的发展来看，航运已经进入综合物流时代。港口由原来简单的“运输中心”（包括仓储、转运、运输等功能）发展到现在的综合物流中心。其功能不仅包括运输中心原有的功能，而且还包括运输货物的拆卸、组装和储存以及船舶信息管理及综合处理等功能。

上海自由贸易港，要发展成为一个完整的国际航运中心，不仅要最大限度地发挥港口的传统功能，还要适应港口发展的需要，拓展相应的综合物流服务功能，发展试验区贸易、金融等产业。因此，在选择自由港模式时，上海需要考虑试验区贸易和现代物流业的发展，应选择综合自由港作为上海自由贸易港未来的模式。

上海自贸港应实施高度自由化、高度便利化的贸易和投资，包括土地利用政策、财政和金融政策。所有的政策创新都可以作为未来建设其他自由港或高度开放的内陆自由贸易区的典范。当然，考虑到上海国际航运中心自由港内不同地区独特的地方特色，我们可以在综合自由港模式的基础上，探索不同地区的具体特点，选择航运、贸易、其他行业或物流作为区域自由市场的主要特征。

二、充分利用上海国际金融中心服务于自由港建设

中国上海自由贸易港将实现对严格管控及高度行政化的突破，金融领域的诸多改革将推动上海加速成为名副其实的国际金融中心。所以，要抓住国际金融中心建设的契机，努力使上海自由贸易港成为可复制推广的改

革开放的先行区、金融创新的试验区、风险防范的示范区，更好地服务于改革开放的国家战略。

（一）以金融创新作为上海自由贸易港关键因素的原因

1. 推进金融创新是适应全球经济格局变化和国际金融发展趋势的需要

目前，美国正吸引欧洲、日本等经济体加快推进“两洋贸易战略”。由此引发的全球经济格局的巨大变化，也使中国加快了制度设置和管理模式与国际接轨的进程。要通过新区建设推进金融管理体制改革和金融业务创新，抵消主要经济体贸易摩擦和贸易保护主义的不利影响，避免受到其“边缘化”的影响。

此外，在现代科技进步和经济一体化发展的推动下，国际资本流动加快，金融一体化，混合产业化，信息化发展趋势加快，金融竞争日益激烈，风险明显增加，金融协调与区域合作的快速发展，加快了金融创新的步伐。这样的环境是开展金融创新的最佳时机。上海应依托现有金融市场体系，走金融业务创新、体制机制改革和管理模式转变的发展道路。

2. 金融创新试验区建设是上海市新增区域和综合发展的需要

金融创新是上海成为金融中心的关键因素，也是构建自由贸易区的核心业务。因此，我们应该考虑非自贸区地区如何借鉴自贸区的经验，充分发挥其溢出效应。当然，首先应该借鉴上海其他地区，尤其是陆家嘴、外滩等地区。在自由贸易试验区的基础上建立上海金融创新试验区，可以充分发挥新机制的优势，推动自贸区发展战略和浦东新区综合配套改革顺利实施，避免自贸区金融机构和社会资源过度积累，导致上海传统金融集聚区的空心化，有利于城市一体化协调发展。

（二）上海金融创新实验区建设的意义

以上海自由贸易港建设为契机，大力推进上海金融创新试验区建设主要具有以下意义。

（1）有利于加快金融创新，进一步推进人民币国际化进程，尽快实现人民币自由兑换、利率市场化、汇率市场化改革目标，形成多元化的市场体系。与中国经济发展相适应，涉及国内外投资者，共同发展。

（2）有利于避免自由贸易区金融机构和社会资源的过度积累，造成上海传统金融集聚区的空心化，分散大量短期集聚区的货币压力，建设健全的风险传导机制。

（3）有利于充分发挥中国（上海）自由贸易试验区的示范效应，借鉴和推广自由贸易区的经验，发挥其溢出效应。为全面深化改革开放探索新途径、积累新经验，为适应国际经济格局新变化奠定坚实基础。

（4）有利于上海加快建设国际金融中心的目标。上海将迅速建成中国金融改革开放的试验区、品牌区和核心功能区，探索出一条不同于其他国家的独特发展道路。

（5）有利于加快制度设置和管理模式与国际接轨的进程，促进政府按照国际惯例进行管理创新，基本形成与国际接轨的管理模式和体制机制。与国际惯例、国际标准接轨，加快与国际惯例、国际标准接轨的步伐，创造市场化、法制化、国际化经济发展环境。

（三）上海金融创新实验区建设的方案设计

1. 试验区功能定位

以中国（上海）自由贸易试验区和浦东综合配套改革试验区为契机，以自由贸易区为重点，以陆家嘴、张江、黄浦为纽带，以优化金融生态环境、调整功能为重点，使浦东和滨江地区金融机构核心区、金融市场和金融人才聚集区、金融改革五位一体的金融创新试点区包括自贸区金融服务中心、陆家嘴金融城、世纪大道创新实验街、张江金融科技产业园、滨江金融服务带等，已成为上海国际金融中心建设的核心品牌，为全面深化改革开放探索新思路，积累新经验，为中国经济转型发展战略打下坚实基础。

2. 试验区规划范围

（1）自贸区金融服务中心。

①灵海路、港华路西起外高桥，东至港口环线，占地面积约5平方公里，依托外高桥保税区，推动金融体制创新加快，建立与自贸区相适应的财务管理体制，转变监管方式。同时，推进外汇市场改革，加快人民币自由兑换进程，大力发展融资租赁和保理业务，促进跨境融资便利化，鼓励金融服务业全面开放符合条件的民间资本和境外金融机构。

②顺祥路、常满路、顺湾路以东、港湾大道，占地面积约8平方公里，将大力发展金融服务外包和离岸金融服务，完善物流融资功能，并在洋山保税区的支持下，提供港口、航运、货运代理、物流等国际贸易和仓储物流。航运服务企业提供金融中介服务。

（2）陆家嘴金融组织体系与管理模式创新试验区。以陆家嘴金融集聚区为依托，沿陆家嘴环路、银城中路、浦东大道、世纪大道向东、向南扩建，占地面积约3平方公里；设有中国人民银行上海总部、中国工商银行上海分行、上海证券交易所、上海银保监局和汇丰银行上海分行、花旗银行上海分行等金融企业和监管机构构成以陆家嘴地区和外滩浦江金融服务带为主要联动发展的金融组织体系、金融市场改革发展试验区，推进管理方式转变，推进金融体制机制创新，努力打造具有国际影响力的金融组织和金融服务创新集聚区。

（3）世纪大道金融产品与服务创新试验区（世纪大道创新街）。松林路、扬中路、花木路、锦绣路、石街大道，占地面积约3平方公里，设有上海期货交易所、上海金融创新中心、浦东金融超市，以上海金融立法研究院和上海金融衍生品开发基地为核心，构成了金融产品开发和金融服务创新发展的实验区。

（4）张江金融信息技术创新实验园（张江金融科技园）。东至川沙路，西至唐路，南至张家浜山水河，北至红星路，占地面积约3平方公里；拥有上海金融信息服务产业基地、上海浦东银行前后台枢纽平台、上海金融服务外包基地为核心，形成金融人才培养、金融工具和技术创新实验区。积极引进和发展会计师事务所、律师事务所、仲裁委员会、咨询公司等中介机构，打造适合国内外各类优秀金融机构发展的现代金融辅助产业集聚区，并有完善的前后端配套设施。

（5）滨江金融服务带。以中山东路至世博大道为核心，覆盖外滩、南北外滩、前后外滩（博览园）等金融集聚区，占地面积约 8 平方公里。该区域与陆家嘴金融城形成错位竞争、联动发展的局面，以中央商务区和金融服务区建设为主体，大力发展资产管理、资本运营和金融专业服务，形成以滨江公共活动和金融功能为主的城市综合体，吸引商业银行、投资公司、金融中介机构、新型金融业态及相关产业进驻。

3. 实验区主要基地和平台建设

（1）陆家嘴金融城。争取两年内建设成为能够基本满足来自世界各地来沪开设金融机构的申请，与美国的华尔街和英国的伦敦金融城相媲美的金融核心功能区。同时，要积极争取中央有关部门的支持，大力推进试点地区金融体制和金融市场改革，争取实行人民币汇率改革和金融体制改革先行先试的特殊政策，在一定程度上放开外汇管理，实行人民币汇率自由浮动，大力发展新型金融业，建立多层次的资本市场体系。

（2）上海金融衍生品研发基地。符合中国国情的金融衍生品研发设计是金融机构开展业务、防范风险不可或缺的手段。这也是中国未来金融市场发展的重点和热点。上海金融衍生品研发基地依托上海完善的金融市场体系，提前走上金融产品创新发展之路。其主要业务领域有：资本市场及衍生品，包括期货、期权、掉期等金融衍生品，提供风险管理服务、能源（石油）金融管理服务等，能够防范和化解金融风险，维护金融市场安全。

（3）浦东世纪大道金融超市。浦东新世纪金融超市以扬中路、花木路、锦绣路、世界公园西侧为中心。为金融消费者提供金融服务，包括储蓄、信贷、中间业务、清算结算、金融汇兑、融资投资、税收和保险等。

（4）上海金融信息服务产业基地与银行中端枢纽平台。

①发展目标。经过三年的建设，将基地建成一流的管理水平、强大的企业集群、强大的综合实力、高水平、多功能、现代化的国际金融信息产业园，成为金融信息产业产品、大数据、信息技术和人才的吸纳源、创新源与辐射源。

②产业集聚的创新功能。整合银行卡等金融信息产品的研发和生产，形成金融信息技术与软件研发基地、银行前后业务枢纽，国内外金融信息产品技术创新中心、业务创新中心和运行机制创新中心。

③金融大数据处理业务。以中国人民银行支付系统备灾中心和征信管理中心为核心，重点介绍了国内外重要金融机构的清算、结算、财务等大型数据处理系统基础数据库业务、客户数据管理中心等业务，开发以数据集中为特点的各类金融机器，组织信息处理业务。

（5）洋山—临港金融服务中心。

①大力发展港区观光、旅游、商贸、会展等业务。其管理模式充分借鉴国外自由港和自贸区的做法，整合国内特殊地区的各项优惠政策，实现了“港中港、区中港”的一体化，使其真正成为中国的自由港。

②加快国际贸易结算中心、融资租赁、期货保税交割等功能，扩大保税船舶登记试点规模，研究建立具有境外特色的国际账户，拓展金融期货、商品交易与证券、保险、银行、产权期权、衍生品等专业，发挥行业市场辐射功能，完善贸易金融、航运金融中介服务体系。市场环境的优化、市场服务功能的不断完善，使其逐渐成为亚太地区重要的航运业务交易、结算中心和航运信息交流展示中心。

③尽快建立上海航运期货交易所，大力发展航运业融资方式，鼓励符合条件的航运企业进入资本市场融资，使符合银行信贷条件的企业能够及时便捷地获得资金，并大力推动股票上市、公司债券、项目融资、资产重组等股权互换等方式筹集资金；在国际贸易和航运信息传播、国际公约宣传推广、法规政策研究与建议、国际业务交流、商品期货交

易、航运期货产品开发等方面，航运实务咨询与代理、航运市场监管与服务等极端扩张。

三、推动进博会与上海自贸港区联动发展

（一）进博会与上海自贸港区联动发展的关系

（1）进博会与上海自贸港区联动发展是相互关联、相互促进的关系。中国进博会与上海自贸港区在目标和推进思路上是高度协调统一的。

（2）进博会为加快推进上海自贸港区建设提供了新的动力和契机，自贸区新片区的各项改革措施也有利于促进进博会的发展。中国进博会发展与上海自贸港区建设也是联动推进的。进博会与上海自贸区建设是两大国家战略，二者联动概括起来主要集中在以下几个方面：基础设施建设投资拉动、旅游消费需求增长、技术创新与扩散、企业形象和品牌形象提升、产业调整和升级、区域城市群互动发展、主题理念渗透等诸多领域。

（3）进博会与上海自贸港区联动和进口商品集散中心建设的关系。

进博会与上海自贸港区联动和进口商品集散中心建设的关系主要体现在：构建推进开放型世界经济发展新平台、树立引领全球贸易发展的新风向标、打造促进中国贸易强国建设的新实践、推进上海成为高水平对外开放的示范和辐射新高地、为上海打造“五中心、四名牌”提供机遇，推动上海商贸服务基地向长三角乃至全国溢出，推动国际金融中心业务向长三角乃至全国延伸，推动虚实结合的交易平台向世界扩张。

（二）进博会与上海自贸港区联动的抓手

打造联动长三角服务全国辐射亚太的进口商品集散中心，是上海抓住进博会契机，充分释放溢出带动效应，进一步扩大开放、推动国际贸易中心和国际消费城市建设的重要抓手。

（1）要从结合国家战略出发，搭建进口活动平台、推动进口与国内流通的衔接、营造优良的进口环境等方面开展工作，通过扩大进口参与电子商务国际规则的制定，提升上海在全球价值链中的地位，增强全球高端资源配置能力，为其经济发展提供新的增长极和动力源。

（2）要着力进行产业结构调整，逐步形成现代服务业为主的产业结构和较为完整的产业链条，通过引进先进技术、标准和管理经验，提升上海创新发展水平，积极打造长三角商业贸易大市场和亚太进口商品交易集散中心，促进传统产业升级换代，培育新兴战略产业，确保在分享进博会"溢出效应"的过程中，能够有鲜明的优势和主导方向。

①对接进博会，助推长三角一体化发展；②对接进博会是提升上海新一轮开放的重要载体；③让全球优质商品和服务集聚上海；④推动产业升级与消费升级，进一步提高上海吸引力和辐射力；⑤形成更具国际竞争力的营商环境。

（三）推动进博会与自贸港区联动发展，打造亚太进口商品集散中心的政策建议

（1）加强组织机构，成立长三角一体化发展工作领导小组，负责政策创新研究、产业发展规划、组织协调推介等工作。

（2）以现有制度为基础，着手打造上海市贸易综合试验平台，将现行制度与中国进口博览会进行比较研究，寻找切合点和突破口，在技术创新、研发合作、生产服务、行政管理体制、贸易便利化改革等方面进行改革。

（3）加快产业对接，将长三角打造成上海的后向生产基地，实现进博会溢出效应与上海发展的有机融合，加快各战略性新兴产业布局与进程。

（4）建立进口促进政策体系，优化部分商品的通关效率，促进贸易便利化，研究推出进口扶持政策，围绕产业转型升级在高附加值进口设备领域实现突破。

（5）建立进口商品内销体系，以中东、欧洲商品为突破口，促进进口环节与内销渠道对接，还需建立进口商品供应链体系，提升港口、物流、仓储的生产效率。

四、推动长三角自贸区政策共享与合作发展

推动长三角高质量一体化发展是党中央、国务院顺应全球经贸发展的新趋势，实行更加高水平开放战略的一项重大举措，也是上海市和长三角地区深化改革、扩大开放、产业升级、转型发展、提升城市能级的重要机遇。

（一）长三角自贸区政策共享与合作发展的作用

推动长三角自贸区政策共享与合作发展，有助于进一步激发市场主体的积极性、主动性和创造性，有助于形成更加国际化、市场化、法治化的营商环境，有利于加快上海自由贸易港的建设。

（1）探索长三角自贸区政策共享与合作发展是新时期全面深化改革的客观需要，是改革的顶层设计与制度创新的客观需要，是适应国内外形势变化的客观需要，有助于进一步聚焦政府管理模式创新，有助于进一步激发市场主体的积极性、主动性和创造性；有助于形成更加国际化、市场化、法治化的营商环境，是推进改革纵深探索的客观选择。

（2）探索长三角自贸区政策共享与合作发展将为全国的对外开放作出新贡献。作为改革开放排头兵、创新发展先行者，上海自贸试验区已积累一批先进的经验，可以推动长三角其他自贸区的制度创新和管理模式上加快与国际接轨的进程，加快转变政府管理职能，促进转变经济增长方式和优化经济结构。

（二）长三角自贸区政策共享与合作发展的困难

（1）长三角自贸区片区比较分散，非一级政府却在做政府的改革探索，其制度创新与推广难度在逐步加大，政策共享与合作发展的机制及路径选择有待突破。

（2）长三角自贸区政策共享与合作发展依赖于自贸区改革与地方改革之间的有效衔接和良性互动，而其他地区是否存在这样的协调机制，这对改革成果辐射推广的效果影响很大。

（3）其他地区对上海自贸区改革成果的吸收消化、复制推广的效果质量问题难以估量，政策共享与合作发展难以把握，很难做到机制及路径不变形，防止把自贸区当成经济开发区来建，防止把自贸区建设当作政府、房地产企业圈地的错误途径。

（三）长三角自贸区政策共享与合作发展的优势

分析上海自贸区制度创新的先发优势与浙江、江苏、安徽自贸区制度创新的后发优势，可以为下一阶段上海自贸区制度的创新厘清重点领域。

（1）上海自贸区制度创新的先发优势包括：先行先试已经搭建了几个重要领域的制度框架；金融领域已有的制度基础为下一阶段率先加速推进金融开放和创新提供了坚实的条件；上海六个片区在浦东新区一个行政区域内，较之跨区域的浙江自贸区、安徽自贸区、江苏自贸区，上海自贸区的制度创新成本可能较低，政策共享与合作发展可能更高。

（2）浙江、安徽、江苏自贸区制度创新具有后发优势。如可以大规模快速复制推广上海自贸区经验，缩短自主探索时间，容易“弯道超车”；承担了多重国家重大战略，如“一带一路”建设、长江经济带发展、长三角区域一体化发展、海洋强国战略等。

（四）长三角自贸区政策共享与合作发展的思路

具体地探索如何依托各自主要功能实施各项试点，推进综合创新的发展，既坚持了自贸试验区的总体发展战略和各自贸区具体发展策略相结合、相统一；又坚持在功能定位上力求实现错位型竞争和开放性服务方向，凸现“各有特色、均衡发展、有序竞争”，可以为上海市政府有关管理部门如何利用好进博会溢出效应，加快转变政府职能和行政体制改革，深入推进上海全球功能性城市建设和长三角一体化发展，提升城市能级和核心竞争力，服务于一带一路国家战略，促进转变经济增长方式和优化经济结构，实现以开放促发展、促改革、促创新，推动经济高质量发展，提升上海在全球价值链中的地位，增强全球高端资源配置能力，提供新的增长极和动力源等提供一定的参考。

五、上海自由贸易港建设的关键点

（一）探索试点差异化制度创新

营造有国际竞争力的营商环境，形成自贸试验区和城市发展的联动机制。在制度领域要进一步简政放权，实现高效管理；在行业领域，促进现代服务业、高端制造业进口进一步开放，特别注重金融开放和创新；此外还要增强“一带一路”金融服务功能，并探索具有国际竞争力的离岸税制安排。

（二）以上海深水港群为主体，浙江、江苏的江海港口为两翼，推进上海国际航运中心建设

必须和周边港口进行协调与配合，长三角各港口城市要解放思想，创新观念，破除地区封锁的狭隘意识，多研究促进港口资源整合的思路和办法，多出台鼓励港口资源整合的政策与措施、统筹协调，提倡资源共享、优势互补、合作共赢。

（三）实现体制创新和机制创新，消除体制性障碍，增强内在动力

要进一步转变政府管理职能，着力点转到主要为各类航运中心建设主体服务和建立健全相应的政策、法规上来，构建行为规范、运转协调、公正透明、廉洁高效的行政管理体制，要加大投融资体制改革及其他各项制度改革的力度，在工程立项、审批和资本进入等方面，为国际航运中心建设提供方便，要继续优化口岸软环境，完善口岸各项改革措施，简化手续，减少环节，优化业务流程，提高办事效率，在外资出入境、海上保险、出口退税、国际结算、银行担保、国际信贷、资金汇兑等方面提供快捷、优质的服务。

（四）继续深化航运企业改革

要按照现代企业制度的要求，完善法人治理结构，以实现投资主体多元化为重点，通过规范上市、中外合资、相互参股、兼并收购等多种途径进行股份制改革，调整和优化产权结构。还要建立和完善港口企业国有资产管理体系，促进港口企业国有资产的合理流动，要允许和鼓励非公有资本进入港口基础设施建设、航运业务、综合服务等领域。

（五）大力发展航运产业融资

要鼓励符合条件的航运企业进入资本市场融资，使符合银行信贷条件的企业能够及时便捷地获得资金；另外，提倡通过公司上市、企业债券、项目融资、资产重组、股权置换等方式筹措资金。

（六）推动多港区联合发展战略

推动外高桥港区和临港新片区发展电子信息、新材料、新能源、生物制药以及环保等产业，形成高科技产业园区，发展金融服务外包业务和离岸业务，健全物流融通功能，建设临港金融商务中心（Central Business

District，CBD）为港务、航务、货运、代理、物流等航运服务企业提供外延服务。

拓展洋山保税港区功能，将港口、保税区、保税物流园区和出口加工区四者的功能集于一身，享受保税区、出口加工区相关税收和外汇管理政策，国外货物入港区视作境内关外，国内货物入港区视同出口，实行退税，大力发展港区观光、旅游、商务、会展等业务，其管理模式充分借鉴自由港和自由贸易区做法，集国内特殊区域各项优惠政策于一体，做到“港中有区，区中有港”的区港融合，使之成为我国内地首个自由贸易港。

第八章　我国自由贸易港的竞争合作研究

第一节　各地对自由贸易港建设的关注

一、全国掀起自由贸易港的建设热潮

（一）党的十九大提出探索自由贸易港建设

2017 年 10 月 18 日，中国共产党第十九次全国代表大会提出探索自由贸易港建设的发展思路，自由贸易港的概念成为建设现代化经济体系的重要组成部分，引起了全国的广泛关注。建设自由贸易港，通过更高程度的开放推动转型升级，是十九大后沿海各省乃至内陆经济大省竞相提出的发展战略。

（二）全国各地掀起争建自由贸易港的热潮

十九大后，在国内许多地区陆续掀起建设“自由贸易港”的热潮。例如，天津提出将在海关特别监管区内探索“一基地三区”，推进自由贸易

港建设；上海明确依托洋山深水港和浦东国际机场，探索自由贸易港建设；辽宁也正式向国务院提交了自由贸易港计划；广东将对接香港和澳门两个全球最具开放性的自由经济体或者自由港，要结合大湾区战略规划，探索自由经济或自由港，打造粤港澳结合港；山东表示，本省地处东北亚战略高地，具有建设自由贸易港的区域优势和综合条件，更应在自由贸易港建设热潮中抢抓机遇，为新旧动能转换、实现高质量发展提供强有力的发展动力；四川提出将对标国际最高经贸规则招标，探索差异化的试验路径，探索了内陆自由贸易港建设。

（三）自由贸易港的政策红利

在地方政府积极踊跃的背后，反映的实际是自由贸易港带来了更大的改革自主权力，以及对提升城市地位和经济发展的巨大影响。从宏观上看，自由贸易港作为我国深入对外开放的重要组成部分，必将得到大量的政策支持，能够成为自由贸易港的城市往往会带来一定的政策红利。这种政策红利对城市自身和经济发展都有很大的好处。

总而言之，各地区争取自由贸易港是一个好现象，也是促进区域经济开放和发展的重要机遇。自由贸易港建设可以促进当地营商环境、基础设施和对外开放措施的进一步优化，促进当地区域经济的发展。

二、各地自由贸易港的建设概况

（一）海南自由贸易港建设概况

1. 海南自由贸易港建设的基本思路

海南是中国最大的经济特区，其地理位置独特，生态环境较好，地理单元相对独立，具有成为国家改革开放试点领域的独特优势。海南在改革开放和社会主义现代化建设的大局中具有特殊的地位和重要作用。建设海南自由贸易试验区和中国特色自由贸易港，是我国积极推进经济全球化决心的重大举措。

海南要以习近平新时期中国特色社会主义思想为指导，以制度创新为核心，赋予更大的改革自主权，大胆尝试、大胆突破、自主改革，深化“放任”改革，加快形成法治化、国际化、便利化的营商环境和公平、开放、统一、高效的市场环境，将把生态文明理念贯穿海南自贸试验区建设的全过程，积极探索自贸区生态绿色发展新模式，加强改革体系整合，争取更多制度创新。

2. 海南自由贸易港建设的主要抓手

（1）加快城乡一体化发展体制、人才体制、财税金融体制、收入分配体制和国有企业改革。

（2）支持海南设立能源、航运、商品、产权、股权、碳排放权等国际贸易场所。

（3）积极发展新一代信息技术产业和数字经济，推动互联网、物联网、大数据、卫星导航、人工智能和实体经济深度融合。

（4）加强国家南方育种研究基地（海南）建设，建设国家热带农业科学中心。

（5）建设一批重大科研基础设施和条件平台，建设航天科技创新战略高地，建立海南国际海上创新创业示范区。

（6）着力发展旅游、互联网、医疗、金融、会展等现代服务业，加快服务贸易创新发展，形成服务型产业结构。

（7）提高基础设施联网智能化水平，优化整合港口资源，加密海南直达全球主要客源地的国际航线。

（8）实施更加开放、便捷的离岛免税购物政策，实现岛民全覆盖，促进全区旅游业发展。

（9）加强热带特色高效农业建设，建设国家热带现代农业基地。

（10）提高海洋资源开发能力，支持海南建设现代化海洋牧场，加强深海科技研究。

（11）推动支持海南国家生态文明试验区建设，探索国家生态文明建设经验。

（12）实行最严格的生态环境保护制度，率先建立现代生态环境和资源保护监管体系，积极开展国家公园制度试点，建设热带雨林等国家公园。

（13）严格保护海洋生态环境，建立健全陆海一体化生态系统保护、恢复和污染防治区域联动机制。

（14）支持海南大学建设世界一流学科。

（15）鼓励国内知名高校和研究机构在海南设立分支机构。

（16）鼓励海南引进国外优质教育资源，组织高水平中外合作办学和项目。

（17）支持海南开展国际人才管理改革试点，允许外国和港澳台地区技术和技能人员按规定在海南就业和永久居留，允许具有硕士以上学位的优秀留学生在海南就业创业。

（18）支持海南建立吸引外国高科技人才的管理体制和更加开放的人才吸引机制。

（二）天津自由贸易港建设概况

1. 天津自由贸易港建设的基本思路

天津作为中国北方最大的沿海开放城市，也是中国第二批设立的自由贸易试验区。构建京津冀协同发展下最开放的平台，是天津探索自由贸易港的核心。目前，天津海关特殊监管区域较为完备，探索天津海关特殊监管区“一基地三区”，是推进天津保税港区建设定位的核心。在此基础上，更加全面放开一线管理，实现境外口岸与自由贸易口岸人员、货物等要素的自由流动。天津作为北方第一个自由贸易试验区，也肩负着北京、雄安新区等“京津冀”地区出海的重任，与上海自贸区遥相呼应，意义深远。

2. 天津自由贸易港建设的设想

天津自贸港的设计应着眼于货物、资金、人员和航运的自由流动。

（1）货物自由。主要包括实施更高标准的“一线放开、二线安全高效管控”的贸易监管体系。在有效防控港口风险的前提下，依托信息化监管手段，最大限度地取消或简化进境货物贸易管制措施，最大限度地简化一线申报手续，争取入库备案。基本突破仓单质押融资功能。

（2）资金自由。短期内我国资本项目完全自由化的可能性很小。可以进一步推动天津投融资账户落地，完善天津特色自由贸易账户体系设计，实现资本项目在一定额度内可兑换和“增量”外汇自由流动，争取融资租赁、商品交易等离岸业务。

（3）进入自由。依托保税区海外人才离岸创新创业基地建设，大力吸引海外优秀高端人才回国创业，探索“区内注册、海内外运营”等创新模式。

（4）航行自由。依托海港、机场和邮轮母港，进一步深化航运服务开放，创新国际船舶保税登记制度，大力发展航运金融和邮轮经济新形式。

3. 天津自由贸易港建设的主要抓手

（1）成立研究和促进自由贸易港工作组。与有关部门和单位成立工作组，建立定期沟通机制。同时，根据货物贸易、金融创新、人员准入等不同领域，成立了多个专业小组，分别组织调研和项目撰写。市有关部门要做好对接和沟通工作，提高向国家审批成功率。

（2）协调和明确自由贸易港的区域范围。借鉴国际经验和国家对上海自由贸易港建设的总体安排，建议在现有天津自由贸易区内科学合理地划定自由贸易港试点区域。参照上海模式，选择登陆海关特殊监管区域进行初步试点，并采用“海港＋机场”联动发展模式制定具体实施方案。

（3）选择天津市最具潜力的产业作为创新载体。建议选择天津自贸试验区最具代表性的产业，如中国（东疆）融资租赁业，努力围绕“中国装备制造业‘走出去’，建设世界级飞机租赁中心的发展”目标，依靠天津现有的航空工业基础，实现新的突破。大力发展高技术航空保税维修产业集群。推动国际中转组装业务和相关过境贸易发展，大力培育具有自由贸易港典型特征的商品贸易和离岸贸易。

（4）建设国际贸易最高标准的单一窗口。对于自由贸易港的建设，只有“管理好”才能“自由化”，信息技术的完备手段是其前提和基础。建议对标新加坡标准，借鉴上海经验和做法，充分利用信息技术手段，高标准做好国际贸易“单一窗口”建设。

（三）四川自由贸易港建设概况

2017 年 11 月，四川提出将对标国际最高经贸规则，探索差异化试验路径，探索建设内陆自由贸易港。

1. 四川自由贸易港建设的优势

（1）四川具有地理位置和政策叠加的优势。四川是新一轮西部大开发战略的“领头羊”及内陆开放的“桥头堡”。它是连接西南与扬子江经济带、广东、香港、澳门经济圈、陆海丝绸之路交汇点、泛亚洲和泛欧洲区域物流枢纽的战略纽带。此外，它还有一些政策优势。

（2）双流机场、青白江铁路口岸居全国前列。近年来，双流机场吞吐量稳居中西部第一、全国第四，集装箱货运量占中欧班列总量近三分之一，居全国第一。青白江铁路口岸是亚洲最大的集装箱中心站，也是功能最全、竞争力最强的国家开放口岸。

（3）缺乏海港的四川自贸区也可以建设自由贸易港扭转港口劣势。自由贸易港本质上是免税、免监管的，与港口类型无关。因此，应采用“机场 + 铁路口岸”的模式。

2. 四川自由贸易港建设的主要思路

（1）优化“单一窗口”机制。建议各部门相互配合，提高《贸易便利化协定》单一窗口的质量和效率，大幅缩短通关时间，实现核查，促进三个领域协调互动，适应全国海关一体化，促进沿线各国互联互通，优化通关流程。

（2）要最大限度地发挥自由流动的“四要素”。货物、服务、资本和人才的自由流动是建设自由贸易港的四大重点。货物自由化的关键是加强“单一窗口”便利化；服务自由化的关键是全面落实“负面清单”准入机制；资本自由化的关键是向中央银行申请本外币自由贸易账户，实现“资本项目下自由兑换，增量外汇有限”；而人才自由化的关键是向公安部提出申请，延长外国人免签证过境时间，将过境范围扩大到四川主要地区。

（3）在解决中欧快速铁路运输单证物权困境，形成可复制、可推广的经验后，推动《中欧班列货物运输法》的制定。通过中国法律的域外适用，将运输单证物权的效力延伸至沿线国家。

（4）努力提高营商环境便利化水平。深化多证合一、分证合一、单一窗口、单一形式的商业体制改革，构建全过程电子信息共享的新模式，搭建多元化的纠纷解决协同服务平台。

（5）全面深化四川、香港、澳门合作交流机制。建议四川、香港和澳门的合作应赋予新的内涵，扩大到自由贸易港、离岸贸易/金融、国际旅游业的管理，建立更深层次、更广层次、更高层次的合作与交流机制。

（6）成立自由港管委会，积极探索与自由贸易有关的职权集中行使。借鉴国际自由贸易港的成功经验，“管委会”不仅是一个协调机构，更是一个审批机构，甚至是港区内唯一的管理机构。

（四）山东自由贸易港建设概况

1. 山东自由贸易港建设的主要思路

山东可以抓住自由贸易港区建设的重大机遇，把自由贸易港区建设作为新旧动能转换重大工程的重要组成部分，将以整合优化内部发展为契机并对全省经济进行战略性调整、改革、创新、布局和规划。山东可依托欧亚大陆中原广袤的土地加快开放。西部腹地以其横跨中国东北部、日本和韩国的地缘战略优势，以及拥有东亚大陆离北极航线最近的深水现代化国际港口群资源优势，对辽东半岛、朝鲜半岛的经济发展进行跨区域、跨国界整合，从而成为中国经济发展的新兴增长极。

2. 山东自由贸易港建设的主要抓手

（1）大胆创新，深化改革，科学高效地整合自由港建设资源。

山东自由贸易港建设首先要有效整合山东省港口资源。具体思路是可结合中央有关改革精神，采取混合所有制改革模式，有效整合所有制港口。目前，我国港口一体化主要是在省级范围内进行的，如钦州港、防城港、北海港与广西北部湾港的一体化；舟山港、宁波港与浙江宁波舟山港的一体化；厦门港、漳州港成为福建省新的厦门港；2017 年 5 月，江苏省属港航企业以及南京、连云港、苏州、南通、镇江、常州、泰州、扬州 8 个沿江沿海城市的国有港口企业整合组建了江苏港口集团。此外，还有跨省区的港口一体化，如天津港与周边的曹妃甸港、秦皇岛、唐山、黄骅港进行资源整合。山东自由贸易港集团有限公司也可以通过混合所有制改革模式组建，整合省内港口资源。

（2）通过自由贸易港区建设，实现山东省经济社会发展要素的战略整合。

要抓住山东自贸区建设机遇，采取“一港多园”的布局模式。要加强山东省区域经济发展资源整合优化，提高内部发展要素的开发效率。同时，要统筹陆海开发，依托自由贸易港区实现国内外市场双向发展格局。

（3）着力突破，把建设国际大宗商品交易服务平台和金融服务平台作为自由贸易港区建设的核心。

自由贸易港区的建设不是港口工业园区和产业园区的建设。建设的重心不是“港口”，而是“贸易”，是与国际商贸市场接轨的服务功能平台的建设。山东在商品交易功能性平台试点建设方面虽走在全国前列，但现有的大宗商品现货交易平台在国际市场上影响力不大，也不具备国际大宗商品现货交易的价格话语权。要改变这种局面，就要着眼于贸易交易平台和贸易融资平台的服务功能，特别是国际大宗商品交易服务平台和金融服务平台的建设。通过推进全球资源配置平台建设，可以增强参与大宗商品市场的全球竞争力。这也是加快我国大宗商品现货交易规则国际化进程的重要内容。

（4）突出核心，加快整合省内交易平台和交易市场资源，加快建设国际大宗商品交易平台。

发展自由贸易港，总体考虑是通过自由贸易港的特殊形式，按照国际规则创新体制。在贸易流通方面，要建立与国际贸易通则相衔接的制度，率先形成法制化、国际化、便利化的营商环境，加快形成交易会，统一高效的市场环境。建设国际化商品交易平台，正是国家要求的具体实践。建议加快省内交易平台和交易市场资源整合，加快山东国际大宗商品交易平台建设，加快金融领域开放创新，要迅速提升山东在国际贸易中的地位，使山东成为国家贸易战略改革创新的前哨。

（5）要密切关注全球贸易市场的发展趋势，建立健全与国际贸易和金融投资规则相衔接的制度。

第二节　我国自由贸易港建设的博弈分析

全国各地争创“自由贸易港”是一个好现象，也是推动区域经济开放发展的重要机遇。但是，各地申报自由贸易港应该因地制宜，要着重突出地方特点和前期发展优势，循序渐进。

中国的自由贸易港建设是国家战略，虽然有一些政策因素，但起决定性的作用仍然是市场。开放、公平、公正的自由竞争环境是市场经济的特征。此外，自由贸易港的规划和建设也不可能存在什么保密策略。所以，自由贸易试验区的博弈应该是一种完全信息的动态博弈。

一、博弈论与自由贸易港的竞争

（一）静态博弈与自由贸易港竞争

在具有完全信息的静态博弈模型中，通常采用纳什均衡来预测结果。中国自由贸易试验区的博弈体现了完全信息的动态博弈，那么，纳什均衡还能用来预测博弈结果吗？

完全信息的静态博弈只是一种独特的理想状态。在现实中，当后一个参与者行动时，他们自然会根据前一个参与者的选择来调整自己的选择，而前一个参与者也会合理地预见到这一点，因此不可能忽视他们的选择对他人的影响。1965 年，德国经济学家泽尔滕通过对动态博弈的分析，提出了“子博弈精炼纳什均衡”的概念。它要求任何参与者在任何时间、任何地点的决策都是最优的，决策者应该主动行动，而不是坚持以前的策略，这就引出了子博弈的概念。当参与者的策略在每个子博弈中构成纳什均衡时，就会形成子博弈精炼纳什均衡。也就是说，“子博弈精炼纳什均衡”策略在每个子博弈中都必须是最优的。

假设自由贸易港建设上存在甲乙两个竞争城市。竞争者甲首先决定是否建设自由贸易港。竞争者乙在了解甲所选择的决策后，再决定是否建设自由贸易港，其博弈情况如下：

该博弈为自由贸易港挑战者与建设者之间的两人完全信息静态博弈。挑战者有两种策略：挑战和不挑战；建设者也有两种策略：反制和不反制，见表 8 - 1。

表 8－1　　挑战者与建设者的静态博弈

竞争挑战者	自由贸易港建设者	
	反制（打竞争战）(q)	不反制（默许）($1-q$)
挑战 (p)	R_1+R_2-C，$N-A$	R_1+R_2，$N-T$
不挑战 ($1-p$)	R_1，$N-A$	R_1，N

（1）当自由贸易港挑战者不挑战，建设者不反制时，各自获得正常的收益 R_1 和 N（与自由贸易港建设正常秩序得以维护可看作建设者的正常收益），而没有超额收益或损失。

（2）当建设者不反制时，挑战者挑战可获得参与收益 R，挑战收益大于正常收益，等于正常收益 R_1 加上超额收益 R_2，即 $R=R_1+R_2$；建设者遭受由于市场秩序被破坏带来的损失 $-T$。该损失与参与者的参与收益正相关，即 $T=tR(0<t<1)$。

（3）当挑战者挑战行为受到建设者的反制时，其收益为参与收益 R 减去被反制的损失 C，该损失与参与收益正相关，即 $C=cR(c>0)$；建设者的收益为市场秩序的维护带来的绩效增加的正常收益 N 扣除反制成本 A，即 $N-A$。假设反制成本与参与者的收益正相关，即 $A=aR(0<a<1)$，则 $N-A=N-aR$。

（4）当建设者反制，挑战者不挑战时，建设者的收益为正常收益扣除反制成本 A，即 $N-aR$。挑战者的收益为正常收益 R_1。

因此，在静态博弈的情况下，第三种情况是纳什均衡，这是挑战者和建设者的最佳战略选择。

（二）动态博弈与自由贸易港竞争

将建设者可能采取的选择与表 8－1 中博弈双方相应选择的得失相结合就能够得出挑战者与建设者的动态博弈情况，见表 8－2。

表 8－2　　挑战者与建设者的动态博弈

A 自由贸易港建设者	B 自由贸易港挑战者			
	战略一 竞争，竞争	战略二 竞争，不竞争	战略三 不竞争，竞争	战略四 不竞争，不竞争
竞争	-2，-2	-2，-2	1，0	1，0
不竞争	0，1	0，0	0，1	0，0

在挑战者与建设者的动态博弈中存在两种纳什均衡，即（A 竞争，B 不竞争）和（A 不竞争，B 竞争）。在 B 可以选择的战略中，战略一包括第二个纳什均衡，但不包括第一个纳什均衡；战略四包括第一个纳什均衡，但不包括第二个纳什均衡；战略二不包括任何一个纳什均衡；只有战略三包括两个纳什均衡。因此，如果 B 选择战略三，无论 A 作出什么选择，B 的响应均能达到纳什均衡。而在假定 B 会选择战略三来回应 A 的情况下，竞争是 A 的最佳选择。

通过分析发现，在任何情况下，比赛的结果都有利于挑战者。因此，加入竞争总是有利的。

二、竞争合作博弈的思考

（一）博弈论策略的选择与调整

博弈论的策略选择可分为两类：合作博弈和非合作博弈。目前，我国自由贸易试验区竞争所体现的非合作博弈是博弈战略的一般状态，合作博弈始终是博弈论的理想战略目标。合作博弈是指“个体理性”的选择取决于每个城市共同的“集体理性”的选择。

这种“集体理性”的选择，意味着对现行“个人理性”选择策略在具体博弈策略中的调整，也意味着对现有博弈规则的调整。这种规则与新的合作博弈规则的调整必须建立在一定的合作共识基础上，必须在各方应对区域博弈决策的具体实践中实现，即动态博弈机制的具体实施。

（二）自由贸易港的博弈是零和与非零和的博弈

根据博弈论模型，零和博弈是指支付给博弈者的报酬之和等于零的博弈。非零和博弈是支付之和大于或小于零的博弈，如果博弈结果的支付之和大于零，称为“大于零和博弈”；如果支付之和小于零，称为“小于零和博弈”。用 C 表示支付矩阵，R 表示负支付矩阵，则

$$C+R=0$$

$$R=-C \tag{8-1}$$

$$C+R>0$$

$$R>-C \tag{8-2}$$

$$C+R<0$$

$$R<-C \tag{8-3}$$

式（8－1）为零和博弈，式（8－2）为大于零和博弈，式（8－3）为小于零和博弈，式（8－2）与式（8－3）均为非零和博弈。

自由贸易港博弈是研究市场的重要方法。它是市场均衡的内生变量的调节机制，建立博弈机制对于市场的有效运行与有序竞争都有极其重要的现实意义。

（三）高度重视合作博弈问题

合作博弈又称正和博弈，是指博弈双方的利益增加，或者至少一方的利益增加，而另一方的利益不受损害，从而使整个社会的利益增加。合作博弈研究当人们选择合作时，如何分配合作的利益，即收入分配。合作博弈是一种合作的方式，或者说是一种妥协。合作博弈能够产生合作剩余，是妥协能够增进双方利益和全社会利益的原因。这种盈余产生于这种关系和方式，并仅限于此。在博弈中，如何在博弈双方之间分配合作剩余，取

决于博弈双方的实力比较和技术运用。

因此，必须通过谈判、协商一致和博弈各方的合作来达成妥协。剩余合作的分配既是妥协的结果，也是达成妥协的条件。

（四）建立自由贸易港竞争的合作博弈机制

随着合作竞争日益成为制造业、商贸业、技术开发等领域的发展战略，完全竞争与合作战略最终将被合作竞争战略所取代。因此，博弈研究必须在建模和研究方法上探索和创新合作竞争。

合作竞争博弈战略是一种新的战略思维模式，是一种创造和获取价值的方法。传统自由贸易试验区由于其特殊的性质和功能定位，其规划备受关注，其发展在很大程度上得益于体制、金融、财政等方面的支持。在经济全球化和一体化阶段，自由贸易港在资源主导和市场发展中的作用日益显著。因此，中国经济的持续发展和在世界经济中的重要影响力的不断发挥，需要具有国际竞争力的自由贸易试验区。如何采取正确的战略，避免内部冲突，赢得这场博弈的胜利，是中国从大国走向强国的必由之路。

另外，当前的自贸区的发展也呈现出新的趋势和特点。中国应加快形成自由贸易港发展总体规划，根据自贸区形成机制的不同，推进自贸区和竞争性自贸港建设。以工业、贸易、投资发展为基础，制定以获取传统经济效益为重点的自贸区发展规划。同时，要结合国际竞争与合作的新形势，研究竞争性自由贸易港的发展规划，以获取非传统利益，与第三方打交道。

三、中国各自由贸易港的合作发展

自由贸易港之间的竞争是制度的竞争，也是经济博弈行为的竞争。经济博弈行为水平和制度成本共同决定竞争力。中国自由贸易港的建设必须依托各自的资源和优势，突出改革创新发展的整体性和协同性，构建以错位竞争、功能互补合作为纽带的发展模式，实现合作共赢、共同发展。中国自由贸易港的发展必须以自主创新为重点，以制度创新求发展，以政策和法律保障促发展，依托先进性、功能区规划和产业升级潜力，突破基础制度的障碍和创新能力不足的制约。

（一）在合作发展途径上要实现“四个”转变

（1）示范效应，应从传统的经济机制转变为以制度变迁为枢纽的机制。

（2）现有的改革机构向无关联利益的强势机构转变，保证综合配套改革的顺畅。

（3）从被动接受国际规则向主动进行制度创新的方向转变，结合自身发展情况注重原创性的制度建设，为地区的发展赢得主动权。

（4）从单纯注重业务创新向制度创新转变，发挥制度在业务创新中的先行作用。

（二）建立各自由贸易港之间的竞争合作发展模式

合作竞争博弈是一种新的战略思维方式。随着合作竞争日益成为商贸企业、国际贸易、技术开发等各领域的发展战略，完全竞争战略与完全合作战略终将被合作竞争战略所替代。

因此，我国各自由贸易港之间必须坚持合作竞争的发展战略，才能抵消全面与进步跨太平洋伙伴关系协定（Comprehensive Progressive Trans - Pacific Parternership，CPTPP）与 TTIP 的不利影响，避免被“边缘化”，也才能在中国经济发展中持续发挥重要的影响力。

在功能定位上，要突出实现错位型竞争和开放性服务方向，凸显“各有特色、均衡发展、有序竞争”，从服务各地经济发展乃至亚太经济发展出发，继续巩固和完善经济制高点的功能地位。

在发展战略上，要依托我国各自由贸易港，发挥主要功能、实施各项试点，推进综合创新的发展，坚持中国自贸试验区的总体发展战略和各自贸区具体发展策略相结合、相统一。

在体制机制上，要进一步推进政府管理模式、管理体制的转变，由政策创新向体制创新转变。

第九章　推进我国自贸区战略，形成高水平的对外开放格局

第一节　我国高水平对外开放面临新环境与新挑战

中国的改革开放得益于经济全球化的发展，极大地促进了经济全球化的深化和世界各国的共同发展。世界经济时有波折起伏，但各国走向开放和一体化的大趋势没有改变。这既是经济规律使然，也符合人类社会发展的历史逻辑。

2008 年国际金融危机爆发以来，中国经济增长对世界经济增长的贡献率平均超过 30%，是世界经济的主要稳定器和动力源之一。中国是世界最大的出口国，也是全球第二大进口国，是日本、韩国、东盟、澳大利亚、巴西、俄罗斯等国家和地区最大的贸易伙伴。随着中国综合国力和影响力的增强，中国对国际秩序演变的影响日益深刻，为全球经济治理贡献了中国的智慧和力量。

当前，世界经济格局正在发生深刻变化，也使中国加快了与国际接轨的进程。

一、对外开放面临新的变化

当今世界正在发生巨大的变化。随着我国参与经济全球化的深入，对外开放面临一系列新的机遇和挑战。

（一）中国正处于转变发展方式的关键时期

从国内情况看，我国正处于转变发展方式、优化经济结构的关键时期。发展质量和效益不高、创新能力弱、实体经济不发达、金融风险积聚等问题依然突出。建设现代经济体系是跨越关口的迫切要求，也是我国发展的战略目标。实现创新驱动发展，正确处理政府与市场的关系，是中国建设现代经济体系必须面对的关键问题。

目前，中国的对外开放正逐步从一个较小的、有限的领域向更广阔的、更多的领域转变；从试点导向的政策向法律框架下可预见的政策转变；从单边的自我开放向对世贸组织成员国的相互开放转变。这意味着竞争更加激烈，经济风险更大，政府宏观调控难度加大。针对这种情况，我们要更好地实施“走出去”与“引进来”相结合的开放战略，充分利用好国内外两个市场和两种资源，在激烈的国际竞争中占据主动，不断提高对外开放水平。

（二）世界正处于科技革命和大国竞争的关键时期

从国外看，世界形势日新月异。新一轮科技革命和产业革命推动了全球产业升级，深化了分工。未来十年，将是世界经济新旧动力转换的关键期，也可能是新技术革命取得突破的关键阶段。这场革命带来的新产业、新业态、新模式，正在以新的速度、新的步伐改变着人类社会的生产生活。世界将经历一个世纪前所未有的变化，特别是对广大新兴市场国家和发展中国家来说，这是一次难得的加快自我发展的机遇。面对这场新的科技革命，中国要深刻把握新一轮技术革命和工业革命的趋势，积极抓住机遇，深化供给侧改革和创新驱动战略，促进经济结构调整和产业升级。

另外，2017年以来，美国不断打破第二次世界大战后国际秩序和经济关系，推动其外交和经济政策从多边主义向单边主义的全面转变并实施。预计在未来很长一段时间内，中美两国在科技、贸易、投资、能源等领域的硬实力和国际话语权的争夺，也将在一定程度上促使中国加大对外开放领域的投入。

（三）全球合作面临压力，全球治理正面临着新的艰巨挑战

当今世界，随着世界多极化、经济全球化、社会信息化和文化多样性的深入发展，世界各国人民的命运从未像今天这样紧密相连。当然，全球增长动力不足、世界发展不平衡、经济治理滞后等问题依然突出、消除贫穷仍然是当今世界面临的最大全球性挑战。可以预见，世界贸易体系变革将是全球经济治理和大国博弈的重要议题，围绕多边贸易体制基本原则、规则制定和发展方向的斗争将持续甚至白热化。

（四）中美关系进入新的变革与调整期

当前，在全球经济稳步复苏、国际贸易升温的同时，贸易保护主义的趋势正在蔓延，中美贸易争端不断升级，从“关税战”到“科技战”，从单纯的贸易不平衡到制约中国经济发展，问题的性质发生了变化。中美贸易不平衡是结构性的、长期的，短期内难以从根本上解决，不太可能通过贸易战来改变。

二、我国将继续推进更高水平对外开放

在复杂形势下，我们要坚定不移地扩大对外开放，这既是对历史经验的深刻总结，也是对未来的战略选择。

中国40多年的改革充分证明，改革开放是党和人民大踏步赶上时代的重要法宝，是坚持和发展中国特色社会主义的必由之路，决定当代中国命运的关键，实现“两个一百年”奋斗目标和中华民族伟大复兴的关键。实践证明，改革开放的道路是正确的，必须始终如一、坚持不懈、不断前进。

开放已成为当代中国的鲜明标志。中国对外开放不仅发展了自己，也造福了世界。中国的开放之门不会关闭，只会越开越大。中国不会在推动更高水平的开放、推动开放型世界经济建设、推动人类命运共同体建设等方面停滞不前。中国将坚定不移地奉行互利共赢的开放战略，始终是全球共同开放的重要推动者。这将是世界经济增长的稳定动力，是各国扩大商机的活跃市场，是全球治理改革的积极贡献者。

第二节　新形势下中国自贸区的发展方向

一、中国自贸区发展战略演进

2013年8月22日，国务院正式批准设立中国（上海）自由贸易试验区。这是中国第一个自由贸易试验区。2020年9月，历经多次扩增后，我国已形成拥有21个自贸试验区。

从点到线，从线到面，如今的自贸试验区不仅在空间上实现“遍地开花”，形成覆盖全国东西南北中，沿海成片、内陆连线的全方位布局，还实现了京津冀全覆盖，叠加中部崛起、长三角一体化等国家战略，向着更大范围、更广领域、更深层次、更高水平开放迈进。

“十四五”期间，我国还要把推动自贸试验区高水平开放与构建以国内大循环为主体、国内国际双循环相互促进的新发展格局紧密结合起来，不断释放自贸试验区发展活力，进一步增强我国经济高质量发展的内生动力。

二、自贸区建设以来取得的成就和挑战

（一）自贸区建设以来取得的成就

作为改革开放的“试验田”，自贸试验区一直将制度创新作为核心。从发布全国首张外商投资负面清单，到建立首个国际贸易“单一窗口”，从创立首个自由贸易账户，到率先实现“证照分离”，自贸试验区坚持大胆试、大胆闯、大胆改，为全面深化改革提供了示范和样板。

另外，开放已成为自贸试验区的最鲜明特色之一。以自贸试验区外商投资负面清单为例，2013 年曾经长达 190 条的清单，几经“瘦身”，2020 年变成 30 条，减少了 80%。越来越短的清单，折射出中国不断扩大开放的步伐。

作为全国开放水平最高的区域，自贸试验区成为吸引外资的“强磁场”。据商务部数据显示，截至 2020 年，自贸试验区落地外资企业突破 6 300家、利用外资超过 1 500 亿元，以不到全国 0.4% 的面积，实现吸收外资占全国比重超 15%。

（二）待解决的挑战和障碍

自贸区在推进改革创新方面取得了阶段性成果，但仍存在一些亟待解决的问题。

1. 制度建设缺乏现成经验，仍需探索

从制度建设的角度看，知识产权、劳动保护、资金流动等问题还不够创新，基本的制度框架还没有建立起来。中国发展全球自由贸易试验区没有现成的经验和模式。特别是在制度创新的内容、政策体系的建立和社会管理职能的履行上，需要逐步探索和积累，并在经验的基础上逐步推进。

2. 各自贸区之间的联系不够紧密，政策执行仍然受到限制

从政策执行和推动方面看，各自贸区经济形势差异较大，制度创新的进度和效果也存在较大差异。此外，由于各自贸区的制度创新都是以基层政府为基础的，改革的力量和实施的能力都会受到一定的制约。

3. 服务业部分领域开放程度不够

从开放角度看，自贸区在金融服务、电信、文化娱乐等部分服务业领域的开放程度不够，透明度有待提高。中国的服务业相对封闭。一方面，它对国内市场是封闭的，表现为国有资本的垄断和私人资本的进入；另一方面，它对外资的进入有更多的限制。金融服务业需要进一步开放。所以现在急需打开渠道，加快对外开放。服务业开放既是一项外资开放政策，也是一个完整的体系。随着改革进入深水区，服务业的开放也涉及一个非常复杂的行业监管体系，需要进一步改革创新。

三、中国自贸区将逐步向自贸港升级

自由贸易港在过去服务于部分国家推动全球投资自由化过程中，产生了相当大的“制度红利”效应，完全符合新时代中国在全球发展中的需要。因此，在新一轮中国改革开放和新一轮全球化迫切需要中国的关键时刻，中国不仅提出了“一带一路”倡议，而且在结合当今中国国情及国际贸易发展的规律的基础上，吸收了西方自由贸易发展的经验，开始探求自由贸易港建设。在我国现行的自贸区政策下，升级成自贸港具备以下可行及必要之处。

（一）自贸区升级自贸港的可行性

1. 我国海关在特殊监管方面有着丰富的经验，有着建立自由贸易港的基础

中国有建立自由贸易港的基础，自由贸易港需要特殊的海关监管。我

国海关特殊监管区已有近30年的实践，监管类别较为齐全，包括出口加工区、保税区、保税物流园区、综合保税区、保税港区和自由贸易试验区（部分功能区）。我国各海关特殊监管区已实现了对外自由贸易口岸的一些功能。在出口加工区，企业可以按照“进口免税、进口保税、进口退税”的条件进行拆卸、组装、加工、制造；企业可以在保税区和保税物流园区进行仓储加工；综合保税区和保税港区可实现进口保税和进口退税；自由贸易试验区一般包括各类海关特殊监管区，可在不同功能区实现相应功能。

2. 政府大力支持自由贸易港的政策和制度建设

在自贸试验区成熟发展的基础上，政府逐步开始探索自由贸易港的建设，为建设更高水平的经济特区开辟了新的征程。国务院印发《海南自由贸易港建设总体方案》，以贸易和投资便利化为重点，以生产要素跨境自由便捷流动与现代产业体系为支撑，以特殊税收制度等安排为保障。商务部等十八个部门联合印发《关于在中国（海南）自由贸易试验区试点其他自贸试验区施行政策的通知》，提出了适用于海南自贸试验区的其他自贸试验区施行政策，包括四方面共30项政策内容。

海南、大连、宁波、舟山等地围绕破解自贸港建设中存在的与当地整体产业发展战略兼容性不够、自贸区和自创区联动循环不畅、科技创新能力不足、没有形成特色自贸政策体系等问题，在借鉴上海自贸试验区可复制推广经验的基础上，结合自身实际和区域特点，探索更大程度的开放政策。比如，大连争取在大窑湾保税港区试点国际船舶保税登记制度和启运港退税政策。在保障航运安全的前提下，将船龄、船员国籍配备和中外合资比例等限制条件进一步放开。宁波、舟山积极探索开展对接中日韩自贸区前景的贸易便利化制度创新，实施一线进出境监管更加宽松、二线通关效率更加高效、区内作业更加自由等监管措施。

（二）自贸区升级自贸港的必要性

自由贸易港建设是对标更高水平国际规则，打造开放高地的具体实践，有利于提升特殊功能区的贸易投资便利化自由化水平，有利于形成参与国际竞争合作的制度性新优势，助力我国经济高质量发展和结构优化升级。建设自由贸易港是自由贸易试验区开放创新的进一步深化，是借鉴国际高标准自由贸易园区的成功经验，打造更高水平的对外开放新高地的积极探索。

自贸区只是“全面开放新格局”的初级阶段，围绕“更高层次开放型经济”战略要求，需要对标更自由、更开放的自由贸易港。当前我国自贸区与自贸港差异对比见表9－1。

表9－1　　自贸区与自贸港差异对比

项目	自由贸易区	自由贸易港
身份	一个国家对外开放的一种特殊的功能区域	目前全球开放水平最高的特殊经济功能区域
位置	设在一国（地区）境内关外	设在一国（地区）境内关外
特征	外国船舶自由进出； 外国货物免税进口； 取消对进口货物的配额管制	营商环境自由； 交易成本低微； 经济全面开放； 政府治理极简； 严格事后监管和二线监管
拥有的权限	免税不免管	货物资金人员进出自由、绝大多数商品免征关税，免税免管

1. 自贸区的自由度远远低于自由贸易港

在自由贸易港里海关一线真正放开，自由流动。依托信息化监管手段，自由贸易港将取消或最大程度简化入区货物的贸易管制措施，最大程度简化一线申报手续，大幅提升贸易便利化水平。在货物自由流动上，在自由港内备案注册的企业，只对重点类型、重点货物实行抽检制度。在自由贸易港内，企业可以自由开展仓储、物流、销售、展览、维修、组装、加工、制造、包装等生产经营活动，区内业务准入方面无须经过审核批准。货物、物品进出“二线”实行进出口申报管理，依靠高标准的国际贸易“单一窗口”安全高效管住。

2. 中国缺乏具有国际枢纽功能的平台

自由贸易港一般具有国际枢纽、国内外通关、内外通畅、税收洼地四大特点，但我国现有的海关特别监管区还没有同时满足这些条件。保税港区和自由贸易试验区功能最接近自由贸易港，但保税港区仍以货物为主。保税港区服务业开放程度不高，海关和金融监管严格，难以实现货物、人员、资金的顺畅内外流动。虽然自由贸易试验区总体对外开放，功能齐全，但仍具有一定的优势。

因此，探索和建设具有中国特色的自由贸易港，打造开放水平更高、营商环境更好、辐射效应更强的开放新高地，对于推动开放型经济创新发展具有重要意义。

四、推进自由贸易港建设的经验总结及政策建议

（一）自由贸易港建设的国际经验与启示

从国际经验来看，各类自由贸易港不仅存在于发展中国家，也存在于美国、欧盟、日本和韩国等发达经济体。由此可见，自由贸易港作为一种特殊的商业模式和开放环境，具有普遍的应用价值。一般来说，包括自由贸易港在内的国际自由贸易区，为我们提供了许多可以借鉴的启示。在世界范围内，自由贸易港的发展实践主要表现为以下方面。

1. 因地制宜，形式多样

自由贸易港的功能和模式取决于东道国的政治、经济和地理环境。一般来说，人多地少、资源匮乏的国家和地区往往采用出口加工区，如爱尔兰；处于世界交通要塞国家和地区一般采取转口贸易类型，如巴拿马科隆

自由贸易港；对于具有良好腹地产业条件的国家和地区而言，发展多功能自由贸易港往往成为首选。

此外，相对而言，发达国家的自由贸易港更注重功能多元化，自由化程度相对较高，优惠政策较少，往往通过制度优势吸引跨国投资。而发展中国家和地区更注重数量增长，优惠政策更多，自由化程度更低。需要指出的是，世界自由贸易港的功能形式呈现出多样化的特点，但这并不意味着同一个自由贸易港具有所有的功能，而是不同的自由贸易港采用不同的功能形式，从而增加了世界自由贸易港生态圈的多样性。然而，就单一的自由贸易港而言，即使在今天，单一的功能仍然存在，例如巴拿马的科隆自由贸易港主要从事转口贸易。总而言之，对于自由贸易港而言，综合型是其发展趋势。

2. 贸易和投资便利化及自由化

自由贸易港属于一国境内的特殊经济区域，货物监管和行业准入相对宽松。例如，从法律角度看，“关外”仅限于税收领域，但在目前的实践中，海关和区内其他企业、人员和货物符合所在国的法律，都受到特殊监管政策的制约，通过便利化和自由化，最大限度地减少障碍，提高自由贸易区的国际竞争力。

除了特殊的海关监管外，大多数自由贸易区在更高程度上可以自由投资和开放金融服务。在投资、自由兑换货币、自由获取资金和自由选择结算货币方面，基本上没有行业限制。例如，科隆自由贸易港不需要营业执照注册，也没有最低投资要求。迪拜港董事会拥有更大的决策自主权，采取“政企结合”的“小特区”模式，外资不受《阿联酋商业公司法》中“外资低于49%”的比例限制，设立独资企业。科隆自由贸易港和纽约自由贸易港均不受国内配额限制，除严格控制的化学品外，各类货物均可自由进出港区。

3. 政策优势日趋凸显

由于自由贸易港所在地之一是国际物流中心，与其他国家的港口存在竞争关系，因此一般被设置成税收洼地。各类自贸区一般对进口货物免征关税，这也是境内关外特殊政策环境的集中反映。

为吸引更多跨国公司到一些国家（地区）自贸区投资，不同程度地实施了企业所得税、个人所得税和资本利得税等优惠政策。例如，爱尔兰香农自由贸易区企业所得税税率为12.5%，远低于欧盟企业22%的所得税平均税率。香农自由贸易区还对符合条件的企业给予“进行股权分配时免征资本利得税”的优惠，给予就业补助、研发补助、培训补助和资金支持。

纽约自由港企业在向“境内关外”出口时，可选择对制成品或零部件支付低关税，并享受该地区货物的优惠待遇。科隆自由贸易港企业缴纳的所得税税率低于10%，不到“境内区外”所得税税率的三分之一。迪拜杰贝尔阿里自由区内所有企业50年内免征所得税，区内员工免征个人所得税。

（二）我国自贸区升级为自贸港的操作性建议

1. 应注重与区域经济发展相契合

鉴于我国社会主义初级阶段的长期性、地域性和区域发展的不平衡性，未来自由贸易港的建设必然要考虑其与内地产业的联系。因此，根据我国的实际情况和发展需要，我国自由贸易港建设应走点面结合的道路，兼顾“试点”和“布局”的双重需要。

一般来说，政策倾向于更加有力，应该细化而不是更多。选址要求要更加严格和谨慎，根据各地的基本情况、世界经济格局和我国发展战略的需要，进行前瞻性布局。中国自由贸易港的建设至少有一个目标，那就是促进内地和周边地区的区域经济发展与社会就业。因此，在选址问题上应考虑区域布局的合理性。既要充分发挥沿海地区产业集中、传统开放的先发优势，也要考虑选择内河边节点，促进区域经济振兴，还应考虑到边境自由贸易港的发展。

此外，为配合“一带一路”倡议和西部大开发战略，还可以考虑选择内陆自由贸易港或依托中欧和中西部重点机场的无水自由贸易港，提高中西部地区对外开放水平，缓解区域经济发展不平衡。

2. 结合中国国情设计自由贸易港的功能定位

世界自由贸易港发展的经验表明，每个自由贸易港都有不同的侧重点，不同功能形式的自由贸易港都有比较成功的案例。因此，自由贸易港的功能应根据区位条件、贸易流量、腹地经济产业条件和设定目标来确定。由于土地面积大、区域发展不平衡、经济产业水平不均衡等诸多客观因素，不同地区自由贸易港的功能定位和目标设定不可能完全相同。

同时，中国多元化的区域结构为具有不同功能的自由贸易港发展提供了自然条件，因此可以采用“基本功能＋扩展功能”的思路设计自由贸易港的具体功能定位。就基本功能而言，每个自由贸易港无论其规模和位置如何，都应具备贸易和物流等功能，而一些扩展功能则应根据自由贸易港所在地的实际情况而定。适当增加“一案一议”的原则。扩展功能主要集中在金融、人员自由流动等服务业的开放，此外，自由贸易港的功能设置也应体现国家重点发展的战略思路。比如，考虑到生态环境的保护，中央提出海南自贸港不应以转口贸易和加工制造业为主，而应以旅游业、现代服务业和高新技术产业为主。

3. 创新自由贸易港的发展模式

中国拥有广阔的经济腹地和丰富的人力资源，中国自由贸易港的建设应借鉴国际经验，不能局限于国际范式，应不同于那些主要依赖外部市场并将自己定位于过境贸易的小经济体，也不同于经济总量大、人口少的大经济体。

中国自由贸易港建设应该遵循“战略聚焦、功能丰富、管理封闭、运营开放”：战略重点是打造开放高地，引领国际竞争与合作；功能丰富，要围绕战略定位建设综合功能区；管理封闭，要实现“境内关外”，一线放开，二线管好，区内自由。运营开放是指对外保持高度开放、自由和便利，与内地经济保持密切、顺畅的联系。借助信息、物联网等先进技术，功能上做到保税自由、缴税退税时点可选，监管上做到“有网不见网”，将其建设为新型海关监管特殊监管区和经济发展区。

4. 探索自由贸易港管理新体制、新机制

要建设功能完善、开放度高、内外通畅、安全高效的自由贸易港，就应该赋予自由贸易港更大的决策自主权，使其服务于国家总体战略和区域协调发展的需要。

因此，对自由贸易港的管理需要理顺中央、地方和地区的特殊权责，理顺协调机制。可以借鉴迪拜世贸中心的“小特区”管理模式，授权和合并地方政府管理职能与港口决策职能。进一步规范管理方式，及时出台《自由贸易港法》。探索自由贸易港的管理体制与机制创新，坚持高质量规划建设、坚持中央把控有序推进、坚持与“一带一路”协调推进的原则，构建符合自由贸易港建设所需的制度体系、制定科学的自由贸易港建设与发展目标、努力拓展功能健全的离岸业务空间、建立完善的人才支撑体系，以确保我国自由贸易港建设走在正确的中国社会主义道路上。

参考文献

[1] 习近平．决胜全面建成小康社会，夺取新时代中国特色社会主义伟大胜利［M］．北京：人民出版社，2017.

[2] 邓小平．邓小平文选（第3卷）［M］．北京：人民出版社，1993.

[3] 汪洋．推动形成全面开放新格局［N］．人民日报，2017－11－10.

[4] 苏格．平易近人：习近平的语言力量（外交卷）［M］．上海：上海交通大学出版社，2018.

[5] 习近平．共担时代责任　共促全球发展——在世界经济论坛2017年年会开幕式上的主旨演讲［N］．人民日报，2018－01－18.

[6] 以开放发展引领经济全球化步入新时代［N］．人民日报，2017－03－09.

[7] 习近平在世界经济论坛2017年年会开幕式的主旨演讲［R］．http：//www. xinhuanet. com//world/2017－01/18/c_1120331545. html.

[8] 习近平．共同创造亚洲和世界的美好未来［M］．北京：人民出版社，2013.

[9] 2018—2022年中国自由贸易园区建设进程及申报指导报告［R］．中商产业研究院，2019.

[10] 习近平．在庆祝海南建省办经济特区30周年大会上的讲话［M］．北京：人民出版社，2018.

[11] 习近平．在首届中国国际进口博览会开幕式上发表主旨演讲［R］．

人民日报，2018-11-06.

[12] 习近平．论坚持推动构建人类命运共同体 [M]. 北京：中央文献出版社，2018.

[13] 史本叶，马晓丽．中国特色对外开放道路研究——中国对外开放40年回顾与展望 [J]. 学习与探索，2018 (10)：118-125.

[14] 保建云．全面对外开放战略：原因、挑战与机遇 [J]. 国家治理，2018 (27)：11-23.

[15] 本报评论员．奋力走在新时代对外开放前列 [N]. 新华日报，2019-01-04.

[16] 张秦肇．习近平开放发展理念研究 [D]. 衡阳：南华大学，2018.

[17] 成都市人民政府外事侨务办公室．积极推动成都国际友城发展助力构建立体全面开放新态势 [J]. 当代世界，2018 (12)：72-74.

[18] 宋晓梧．改革与开放双轮驱动下的中国故事——评《中国对外开放40年》[J]. 宏观经济管理，2018 (12)：2.

[19] 丘赠英．马克思经济对外开放思想及其在中国的当代价值 [D]. 漳州：闽南师范大学，2016.

[20] 王倩．浅析习近平开放发展理念的时代价值 [D]. 天津：天津大学，2017.

[21] 隆国强．中国对外开放的新形势与新战略 [J]. 中国发展观察，2017 (08)：5-8，36.

[22] 詹林情．经济新常态下提高中国对外开放水平的策略研究 [D]. 长沙：长沙理工大学，2017.

[23] 王明禹．十八大以来党的对外开放思想研究 [D]. 锦州：辽宁工业大学，2017.

[24] 上海市人民政府发展研究中心开放形势分析课题组，肖林，周国平，严军，郭爱军．2014/2015 年上海对外开放形势分析报告 [J]. 科学发展，2015 (02)：37-49.

［25］黄海洲，周诚君．中国对外开放在新形势下的战略布局［J］．中国社会科学院国际研究学部集刊，2014，7（00）：43－70．

［26］刘恩专．构建中国特色自由贸易港政策体系［J］．南海学刊，2018，4（03）：38－45．

［27］决胜全面建成小康社会夺取新时代中国特色社会主义伟大胜利［EB/OL］．(2017－10－27)［2020－06－10］．http：//www. xinhuanet. com/2017－10/27/c_1121867529. htm．

［28］十九大报告提出“探索建设自由贸易港”多地跟进正积极筹划［EB/OL］．http：//www. chineseport. cn/bencandy. php？fid＝47&id＝260613．

［29］李雷，刘天鸿．全面开放新格局下发展中国自由贸易港的几点思考［J］．中国经贸导刊（中），2018（26）：4－6．

［30］世界银行．2018全球营商环境报告［R］．2017．

［31］裴长洪．建设具有中国特色的自由贸易港［N］．新华日报，2018－05－02．

［32］李思奇，武赟杰．国际自由贸易港建设经验及对我国的启示［J］．国际贸易，2018（04）：27－33．

［33］田昕清．建设自由贸易港浅谈［J］．区域经济评论，2018（02）：11－13．

［34］陈东，邢霂．创建自由贸易港的意义与策略［J］．中国国情国力，2018（01）：46－48．

［35］崔卫杰．正确认识自由贸易港的发展方向［J］．海外投资与出口信贷，2017（06）：41－42．

［36］余南平．中国自由贸易港建设：定位与路径［J］．探索与争鸣，2018（03）：37－45，109．

［37］毕晓航，姜乾之，李鲁．关于抢抓自由贸易港新机遇、进一步推动临港地区高质量发展的建议［J］．上海商业，2018（08）：25－26．

[38] 李振福．我国自由贸易港的建设路径 [J]．中国船检，2017 (12)：16－19.

[39] 赵晋平，文丰安．自由贸易港建设的价值与趋势 [J]．改革，2018 (05)：5－17.

[40] 李建萍．世界自由港的比较与启示 [J]．中国外资，2013 (24)：16－17.

[41] 李九领．中国自由港战略刍议 [J]．当代经济，2011 (03)：60－62.

[42] 张远军．世界主要自由港发展经验 [J]．中国金融，2017，0 (24)：91－92.

[43] 胡凤乔．世界自由港演化与制度研究 [D]．杭州：浙江大学，2016.

[44] 王云松．习近平会见参加首届中国国际进口博览会的外国企业家代表 [N]．人民日报，2018－11－06 (002).

[45] 冒蕞．学习贯彻习近平总书记近期重要讲话精神　研究推动跨境电商发展等工作 [N]．湖南日报，2018－11－08 (001).

[46] 祝佳音．中国上海自贸区建设的进展、问题与对策研究 [D]．长春：吉林大学，2015.

[47] 罗霞，李磊，陈雪怡，王培琳，梁振君．以体制机制创新为核心加快推动自贸区建设 [N]．海南日报．2018－12－28 (A04).

[48] 叶媛媛．学习新加坡先进经验　服务海南自贸区建设 [N]．海南日报，2018－10－12 (A07).

[49] 卢常乐．"上海扩大开放100条" 重磅出炉　深化自贸区建设上"头条" [N]．21世纪经济报道，2018－07－11 (001).

[50] 郭芷青．浅析上海自由贸易区建设对我国区域经济发展的影响 [J]．全国流通经济，2018 (32)：14－15.

[51] 张兆安．自贸试验区：中国改革开放的"升级版"和"压力试

验”[J]. 南海学刊，2018，4（03）：11－16.

[52] 景卓. 新形势下我国自由贸易区发展对策[J]. 中国市场，2018（10）：71－72.

[53] 佟家栋. 中国自由贸易试验区的改革深化与自由贸易港的建立[J]. 国际商务研究，2018，39（01）：13－18，85.

[54] 高岩. 空港型自由贸易区金融业发展的国际经验与启示[J]. 郑州轻工业学院学报（社会科学版），2017，18（06）：94－100.

[55] 姚长林. 自由贸易区在国内外的实践探讨[J]. 经贸实践，2017（21）：75.

[56] 张悦，李姝. “一带一路”背景下自由贸易区制度创新路径——基于辽宁自贸区建设的思考[J]. 经济师，2017（11）：11－13.

[57] 沈伟. 金融自由化的逻辑和金融“边缘”变革的局限性——以三个金融试验区为样本[J]. 东方法学，2017（05）：30－39.

[58] 沈玉良，彭羽. 上海自由贸易试验区建设自由贸易港区路径分析[J]. 上海经济，2017（04）：5－11.

[59] 张磊. 上海自贸港建设的突破性与可持续性[J]. WTO经济导刊，2017（11）：61－62.

[60] 上海对外经贸大学自由贸易港战略研究院. 关于建设自由贸易港的经验借鉴与实施建议[J]. 国际商务研究，2018（01）：5－12.

[61] 刘晓琴. 自由贸易港　经济开放新引擎[J]. 海运纵览，2017（11）：20－22.

[62] 晓睿. 自由贸易港：中国对外开放的平台再造[J]. 中关村，2017（11）：28－30.

[63] 张明香，操志强. 中国（上海）自由贸易试验区对港航业发展的影响浅析[J]. 中国港口，2013（10）：1－3.

[64] 贾大山. 探索自由贸易港，推动形成全面开放新格局[J]. 中国远洋海运，2018（03）：62－63，8.

[65] 李正图. 新时代探索建设自由贸易港战略价值的三大解析 [J]. 区域经济评论, 2018 (02): 4-8.

[66] 钟山. 开创新时代对外开放新局面 [N]. 人民日报, 2018-04-23 (010).

[67] 赵晋平, 文丰安. 自由贸易港建设的价值与趋势 [J]. 改革, 2018 (05): 5-17.

[68] 佟家栋. 中国自由贸易试验区的改革深化与自由贸易港的建立[J]. 国际商务研究, 2018, 39 (01): 13-18, 85.

[69] 佟家栋. 中国自由贸易试验区改革深化与自由贸易港建设的探讨 [J]. 国际贸易, 2018 (04): 16-19.

[70] 李光辉, 王芮. 我国自贸区建设的成就与今后重点发展方向 [J]. 国际贸易, 2017 (07): 4-6.

[71] 朱福林. 自由贸易港建设的国际镜鉴 [J]. 改革, 2018 (08): 113-119.

[72] 李建萍. 世界自由港的比较与启示 [J]. 中国外资, 2013 (24): 16-17.

[73] 张远军. 世界主要自由港发展经验 [J]. 中国金融, 2017 (24): 91-92.

[74] 余南平. 中国自由贸易港建设: 定位与路径 [J]. 探索与争鸣, 2018 (03): 37-45.

[75] 纪元香. 关于我国探索建设中国特色社会主义自由贸易港的思考 [J]. 水运管理, 2018, 40 (03): 13-14.

[76] 何伟明. 海南建设自贸区和自贸港是对接国家战略的必然要求[J]. 新东方, 2018 (05): 23-26.

[77] 魏南枝. 中美政治、安全矛盾与经济相互依存 [J]. 现代国际关系, 2016 (11): 48-54, 62, 64.

[78] 彭羽, 沈玉良. 全面开放新格局下自由贸易港建设的目标模式[J].

亚太经济，2018（03）：104－111，151.

［79］张锐．自由贸易港：中国对外开放新平台［J］．中外企业文化，2017（11）：22－24.

［80］自由贸易港建设需因地制宜、体现特色［J］．中国港口，2018（04）：64.

［81］刘国荣，李美荣．习近平对外开放思想多维度论析［J］．延安大学学报（社会科学版），2018，40（06）：5－10.

［82］李猛．新时代中国特色自由贸易港建设中的政策创新［J］．经济学家，2018（06）：38－47.

［83］罗雨泽．借鉴国际经验　推进自由贸易港建设［J］．理论导报，2018（04）：41－43.

［84］习近平．共担时代责任　共促全球发展——在世界经济论坛2017年年会开幕式上的主旨演讲［N］．人民日报，2018－01－18.

［85］迟福林．从自由贸易试验区走向自由贸易港［J］．中国远洋海运，2018（11）：32－36.

［86］陈东，邢霂．创建自由贸易港的意义与策略［J］．中国国情国力，2018（01）：46－48.

［87］Doing Business 2018：reform to create jobs. http：//aaa. ccpit. org/Category7/Asset/2017/Nov/02/onlineeditimages/file71509592020828. pdf.

［88］Muzwardi. Special Economic Zone Policy Through FTZ（Free Trade Zone）：BBK Case Analysis. Paper Prepared for Postgraduate Research Conference "Improving Human Life"［R］. The First Asian Postgraduate Research Conference，2007.

［89］Bost. West African Challenges：Are Economic Free Zones Good for Development［J］. *The Sahel and West Africa Club Secretariat*，2011，（4）：18－35.

后　记

为了系统深入地研究习近平总书记关于对外开放的重要论述，深刻总结我国对外开放的历史经验，科学把握对外开放中的重大理论和实践问题，上海市哲学社会科学规划办公室与上海市习近平新时代中国特色社会主义思想研究中心联合组织了2018年度上海市哲学社会科学规划“习近平总书记关于对外开放重要论述研究”系列课题研究工作。上海立信会计金融学院以上海市哲学社会科学规划项目和上海高水平地方高校建设项目为依托，组织专家学者撰写“序伦财经文库”和“长三角区域发展研究丛书”，由中国社会科学出版社、经济科学出版社、上海社会科学院出版社、立信会计出版社等公开出版。本书是上海市哲学社会科学规划系列课题“习近平总书记关于对外开放重要论述与上海自由贸易港建设研究”（2018XAB015）的研究成果之一。

首先，梳理了习近平同志关于对外开放重要论述与全球自由贸易港的发展历程，从自由贸易港与自由贸易区之间的相似性、相关性与功能定位上的显著差异性入手，分析上海自贸试验区向自由贸易港转变的必要性。其次，通过自由贸易港国际比较研究并对上海建设自由贸易港的优势与劣势进行分析，将国际经验与本国实情进行有效结合，提出上海建设自由贸易港的战略步骤和主要抓手，明确了上海要在自贸试验区的基础上逐步探索、稳步推进中国特色自由贸易港体系建设。最后，把上海建设自由贸易港与长江经济带发展、“一带一路”建设、自由贸易区建设等相衔接，提出要加快经济结构调整，推动产业优化升级，提高国际竞争力和抗风险能力，加快推动形成全面开放新格局，努力开创新时代对外开放新局面。

“因风道感谢，情至笔载援。”在两年多的写作过程中首先感谢原安徽市场报社的老领导汪洋、张平和刘济民等同志，他们谦虚谨慎、攻坚克难的工作作风一直激励着我不断前行。其次要感谢上海市哲学社会科学规划办公室副主任吴诤同志和上海立信会计金融学院科研处处长刘玉平教授。正因为两位领导的统筹策划和精心组织才使得本书的出版成为可能。再次要感谢经济科学出版社编辑刘丽，为本书编辑出版付出了艰辛的劳动。另外，我的学生范昕、向洁、龚顾惟、姚轩宇、李昕宜、刘金鑫、陈慧婷、龙子桁、王少宏等同学也付出了辛勤的劳动，在此谨向他们表示诚挚的谢意。本书引用和借鉴了许多专家学者的研究成果，在此特向他们表示衷心的感谢。最后还要感谢父母、妻儿的全力支持。家人对我无尽的理解、支持与包容是本书创作的主要动力。

自由贸易港是在世界正处于百年未有之大变局、我国新时代改革开放面临新形势等重大时代背景下应运而生。如何进行我国的自由贸易港建设，目前仍处于初步的探索阶段。

作为国内第一部探讨如何由自贸试验区向自由贸易港转变的著作，是作者多年来对自贸试验区相关研究的梳理和总结。

由于水平有限，加之时间仓促，书中难免存在不妥之处，殷切希望广大读者和同仁能够给予批评指正。

聂　峰

辛丑年壬辰月己酉日